On Liberty
존 스튜어트 밀 자유론

존 스튜어트 밀 **자유론**

초판 1쇄 발행   2005년 3월 25일
초판 3쇄 발행   2011년 3월 20일

지은이   존 스튜어트 밀
옮긴이   정영하
발행인   권윤삼
발행처   도서출판 산수야

등록번호   제1-1515호
주소   서울시 마포구 망원동 472-19호
전화   02-332-9655
팩스   02-335-0674

이 도서의 국립중앙도서관 출판시도서목록(CIP)은 e-CIP 홈페이지
(http://www.nl.go.kr/cip.php)에서 이용하실 수 있습니다.
(CIP 제어번호 : CIP2005000496)

홈페이지_ http://www.sansuya.kr | E-mail_ sansuyabooks@gmail.com

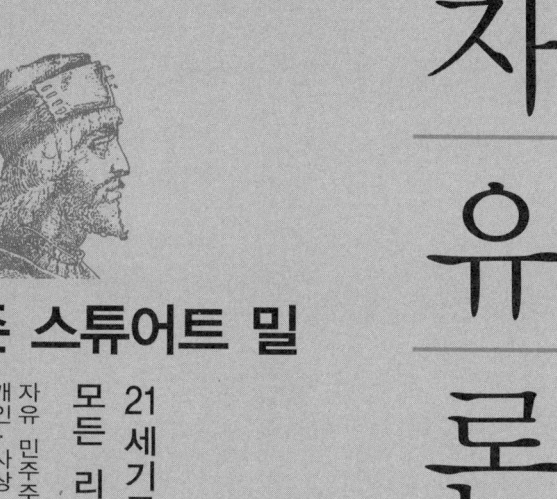

자유론

On Liberty

John Stuart Mill

존 스튜어트 밀

21세기를 이끌어 가야 할
모든 리더를 위한 존 스튜어트 밀의 제안

자유 민주주의 사상적 토대를 구축한 존 스튜어트 밀의 자유론은 개인·사상·언론·정부·사회 등에서 자유가 차지하는 비중과 그 가치 및 중요성·보존에 대한 내용을 담고 있다.

존 스튜어트 밀 지음
정영하 옮김

산수야

　나의 저서들 속에 담겨져 있는 훌륭한 생각들을 제공하고, 한 쪽 팔이 되어 공동 저작의 노고를 아끼지 않았던 그녀 - 그녀가 지닌 진리와 정의에 대한 숭고한 관념은 가장 강렬한 자극제가 되었으며, 그녀의 동조는 다시없는 위로가 되었던 내 친구이자 아내인 - 에 대한 사랑의 추억을 더듬으면서 그녀의 영전에 이 책을 바친다.

　여러 해 동안 집필해 온 다른 모든 저서들과 마찬가지로 이 책도 나의 저작임과 동시에 그녀의 저작이기도 하다. 그러나 지금 사람들 앞에 내놓으려는 이 책은 더할 수 없이 가치 있는 그녀의 수정을 충분히 받지 못한 채 출판하게 되었다. 더구나 가장 중요한 부분은 좀더 신중히 그녀의 재검토를 받으려고 남겨두기까지 했었다.

　이제 나는 다시는 그러한 도움을 받지 못할 운명에 처하게 되었다. 무덤 속에 묻혀 버린 그녀의 위대한 사상과 고귀한 감정의 반만이라도 이 세상에 전할 수 있다면, 나는 커다란 은혜를 이 세상에 베푸는 중개자가 되었을 텐데 말이다.

　아마도 그러한 유익은 내가 앞으로 그녀의 비할 데 없이 탁월한 지혜에 의해서 고무되고 지원되는 바 없이 집필하게 될 그 어느 저서로부터 생겨날 그것보다 훨씬 더 클 것이다.

존 스튜어트 밀

차 례

이 논문의 주제는 철학적 필연론이라는 잘못된 이름으로
불리는 학설과 대립되는 '의지의 자유' (liberty of the will)가
아니라 시민적, 또는 사회적 자유이다.
바꾸어 말하자면 이 논문의 주제는 개인에 대해 사회가 정당하게
행사할 수 있는 권력의 본질과 한계이다.

- 존 스튜어트 밀 -

1

서
설

이 글의 목적은 개개인으로 구성된 사회를 다루기 위해
정부에 전적으로 부여된 강압과 통제의 수단.
즉 법형이라는 육체적인 강압이든 여론이라는 정신적인 강압이든 간에.
그런 수단에 대한 매우 단순한 원리를 주장하는 것이다.
그것은 바로 인류가 개인적으로나 집단적으로 타인의 행동의 자유에 대해
간섭할 경우 유일하게 정당한 근거는 자기 방어라는 것이다.

제1장 _ 서설

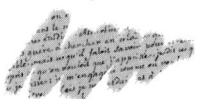

　이 논문의 주제는 철학적 필연론이라는 잘못된 이름으로 불리는 학설과 대립되는 '의지의 자유'(liberty of the will)가 아니라 시민적, 또는 사회적 자유이다. 바꾸어 말하자면 이 논문의 주제는 개인에 대해 사회가 정당하게 행사할 수 있는 권력의 본질과 한계이다.

　일반적으로 이 문제는 논술되어지거나 논의되어진 적이 거의 없다. 그러나 이 문제는 스스로에게 잠재되어 있는 문제의식으로 인해 이미 현대의 실제적인 논쟁에 심각하게 영향을 미치고 있으며, 이 문제 자체가 중요하게 인정되는 날이 곧 올 것이다.

　이 문제는 결코 새로운 것이 아니며 어떤 의미에서는 아주 오랜 옛날부터 인류의 의견을 갈라놓았던 문제였다. 그러나 인류의 발달 단계에 따라 사람들이 점점 더 개화될수록 이 문제는 전혀 새로운 모습을 띠게 되어 지금까지와는 다른 한층 더 근본적인 취급이 필요하게 된 것이다.

자유와 권위간의 싸움은 우리가 일찍이 잘 알고 있는 역사, 특히 그리스와 로마, 영국의 역사에서 가장 뚜렷하게 나타나는 특징이 있다. 그러나 고대의 이러한 싸움은 일반 백성, 또는 일반 백성들 가운데 특정 계급과 정부 사이에서 벌어졌었다.

자유라는 것은 정치적 지배자의 압제에 대한 보호를 의미하게 되었다. 지배자들은 그들이 지배하는 국민에 대해서는 필연적으로 적대하는 입장에 있는 것으로 생각되어졌다(그리스의 민중적인 정부를 제외하고는). 그들은 통치하는 단 한 사람, 또는 특정한 종족 또는 특정한 신분의 사람들로써 구성되었다. 그들은 상속이나 정복을 통해 그 권위를 획득했을 뿐, 국가의 통치를 받는 사람들의 의사에 의해 그 권위를 획득하지는 않았다.

설령 국민들이 그러한 권력의 억압적인 행사에 대해 어떠한 예방책을 강구하는 일은 있었을지라도 감히 지배자들의 최고의 지배권에 도전하려고 하지는 않았으며, 아마 그렇게 하는 것을 원하지도 않았을 것이다.

지배자의 권력은 필요 불가결한 것으로 여겨졌다. 그러나 동시에 매우 위험한 것으로도 여겨졌다. 바꾸어 말하면 권력은 지배자들이 그들의 외적에 대해서 행사하는 것과 마찬가지로 그들의 국민에 대해서도 행사하는 하나의 무기로 여겨졌다.

사회적 힘이 약한 구성원들이 독수리 떼의 희생물이 되지 않기 위해서는 독수리보다 더 강한 짐승이 있어야 하고, 그 짐승에게 독수리들의 힘을 억제하도록 하는 임무를 맡길 필요가 있었다. 그러나 이 독수리 떼의 왕 역시 자기보다 힘이 약한 무리를 마구 잡아 삼키고자 할 것이므로 그 부리와 발톱에 대해 항상 경계의 태세를 갖출 필요가 있었다.

그러므로 나라를 사랑하는 사람들의 목적은 지배자가 사회에 대해 행사할 수 있는 권력에 제한을 가하는 것이었다. 그들은 이러한 제한이야말로 자유의 본질이라고 생각했다. 그런데 그들은 다음과 같은 두 가지 방법으로 제한을 가하려고 했다.

첫 번째 방법은 정치적 자유, 또는 권리라고 불리는 일종의 면책 조항을 지배자가 승인토록 하는 것이었다. 이와 같은 면책조항을 침해하는 것은 지배자로서의 의무 불이행으로 간주되어야 할 것이며, 만약 그가 실제로 침해할 경우 특수한 반항이나 일반적인 반란은 정당화될 수 있는 것으로 생각되었다.

두 번째 방법은 일반적으로 전자보다는 후자에 나타나는 것으로 헌법에 의한 억제였다. 바꾸어 말하면 그것은 입헌적 제약을 확립하는 것이었다. 이에 따라 비교적 중대한 통치권의 발동에는 사회의 동의, 혹은 사회의 이해를 대표한다고 간주되는 일종의 단체의 동의가 필수적인 조건으로 되었다.

이와 같은 제한 방법 가운데 대다수 유럽 국가들의 지배권력은 첫 번째의 방법에 대해 다소간 복종하지 않을 수 없었으나 두 번째의 방법에 대해서는 반드시 그렇지는 않았다. 이 두 번째의 제한 방법을 성취시키는 것, 또는 이미 어느 정도 성취된 단계에서 한층 더 완전하게 성취시키는 것이야말로 자유를 사랑하는 사람들의 주된 목적이 되었다.

이리하여 인류가 한 쪽 적의 힘을 이용하여 다른 쪽의 적과 싸우는 것에 만족을 느끼면서 통치자의 압제에 대해 다소간 유효한 보장을 받게 된다는 조건으로 그의 통치에 만족을 느끼는 동안 자유에의 열망을 단계 이상으로 추진시키려 하지는 않았다. 그러나 인간사의 발달에서 통치자는 그들의 이익과는 대립되는 독립적인 권력자라야만 한다는 것이 자연의 철칙이라고 생각하지 않게 되는 시기가 마침내 왔다.

사람들은 국가의 여러 행정 관리들을 국민의 의사에 따라서 마음대로 해임할 수 있는 위탁자나 대리인으로 여기는 것이 좋다고 느끼게 되었다. 오직 이러한 방법에 의해서만 정부의 권력이 절대로 그들에게 불리하게 남용되지 않는다는 완전한 보장을 얻을 수 있다고 생각했다.

선거에 의한 시한부 임기를 지닌 통치자를 내세우려는 이러한 새로운 요구는 대중적인 정당이 존재하는 곳이라면 어디에서나 주요한 운동 목표가 되었으며, 통치자의 권력을 제한하려는 종전의 노력 중 상당 부분이 이것으로 대체되었다. 피통치자들에 의한 정기적인 선택으로부터 통치권력을 부여하고자 하는 싸움이 진행됨에 따라, 일부 사람들은 권력 자체에 제한을 가하려는 일이 지금까지 너무 지나치게 중시되어 왔다고 생각하기 시작했다.

이와 같이 권력에 제한을 가하는 일은 대중과는 언제나 이해가 상반되는 통치자에게 대항하는 수단이었으며, 또 그렇게 생각되었을 것이다. 오늘날 요구되는 것은 통치자가 국민과 융화되어야 한다는 것이다. 다시 말하면 통치자의 이해와 의지는 국민의 이해와 의지여야 한다는 것이다.

국민은 자신의 의사에 거슬러 보호되는 것을 필요로 하지 않았다. 국민이 자기 자신에게 압제를 가할 두려움은 조금도 없었다.

통치자로 하여금 국민에 대해 충분한 책임을 지게하고 국민에 의해 신속히 해임될 수 있도록 한다면, 국민은 통치자에게 권력을 위탁하고 그것의 행사 방법을 국민의 편에서 명령할 수 있게 될 것이다.

통치자의 권력이란 한 곳으로 집중되어 행사하기 편해진 국민 자신의 권력에 지나지 않는 것이다. 이와 같은 사고방식은 감정의 양태 또는 어쩌면 오히려 바로 전 시대의 유럽 자유주의자들에게는 공통적인 현상이었다.

유럽 대륙에서는 그러한 사고방식이 오늘날에도 분명히 지배적이다. 존재하지 않아야 한다고 그들이 생각하는 정부를 제외하고 정부가 하는 일에 어떠한 제한을 가하려는 사람들은 유럽 대륙의 정치사상가들 중에서도 각별히 눈에 띄는 희귀한 예외자들이다. 한동안 그것을 조장시켜 왔던 제반 사정이 변하지 않고 그대로 줄곧 존속되어 왔다고 한다면 이것과 비슷한 함정이 우리나라에서도 오늘날에 이르기까지 지배적인 사상으로 되었을 것이다.

그러나 인간사에서와 마찬가지로 정치이론과 철학이론에서도 사람들의 눈에 띄지 않게 지나가 버렸을지도 모르는 여러 가지 결점들과 약점들이 실패로 인해 확연히 드러나기도 한다. 국민의 정부라는 것이 단지 꿈속에서 그려보는 것이거나 아득한 옛날에 존재한 적이 있었다고 책 속에서 읽어보는 것이 고작이었던 때에는 국민이 자신에게 가해지는 스스로의 권력을 제한할 필요가 없다는 생각은 자명한 것으로 간주되었을지도 모른다.

이와 같은 생각은 프랑스 혁명과 같은 일시적으로 정도를 벗어난 사건들에 의해서 교란되지 않았다. 프랑스 혁명에서 최악의 사태란 권력을 강탈하려는 소수 사람들의 소행이라는 것이었다. 어쨌든 그것은 민중 본위의 제도를 줄곧 운영해 오다가 생긴 것이 아니라 군주와 귀족의 압제에 대해 돌발적이고 발작적으로 터진 반란의 형태였다.

그러나 얼마 지나지 않아서 하나의 민주공화국이 지구 표면의 광대한 부분을 차지하며 국제사회의 가장 강력한 국가들 가운데 하나로 인정받게 되었다. 그리하여 선거에 의거하고 책임을 지는 정부는 이러한 위대한 현존의 사실에 따르는 관찰과 비판의 근거가 되었다.

이제는 '자치'와 '민중 자신에 대한 민중의 권력'과 같은 말들은 사실의 진상을 나타낼 수 없다. 권력을 행사하는 '민중'은 권력의 행사를 받는 민중과 반드시 동일하지 않다. 이른바 '자치'라는 것은 각자가 그 자신에 의해서 통치되는 것이 아니라, 다른 모든 사람들에 의해서 통치되는 것이다. 더욱이 민중의 의사가 실제로 의미하는 바는 민중 가운데 가장 많은 다수나 가장 활동적인 부분의 의사[1] 다수자나 자신들을 다수자로 인정시키는 데 성공한 사람들의 의사이다. 따라서 민중이 그 성원의 일부를 억압하려고 할 수 있다.

그래서 이것에 대해서는 다른 일체의 권력의 남용에 대해서와 마찬가지로 철저한 경계가 필요하다. 그러므로 권력자들이 사회에 대해서, 바꾸어 말하면 사회 속에서 가장 강력한 당파에 대해서 정식으로 일정한 책임을 질 때 개인을 지배하는 정부의 권력을 억제하는 것은 그 중요성이 감소하지 않는 것이다.

사상가의 지성은 실체상의 이해관계나 상상 속에서의 이해관계가 원래 민주주의와는 상반되는 유럽 사회의 유력한 계급의 사람들도 기꺼이 받아들일 수 있는 성질의 것이었기 때문에 아무런 어려움 없이 널리 유포되었다.

이리하여 정치적 문제를 생각해 볼 때 '다수의 압제'[2]라는 것

---

1 이와 같은 사고방식은 영국의 공리주의자들에게는 한층 더 공통적이었다. 이것은 그들의 정치철학의 중요한 특징이었다. 이러한 주장에 대한 표현 – 통치자와 피통치자의 일체화, 통치자의 책임과 해임, 집중된 권력행사 – 은 벤덤이나 제임스 밀에게서 거의 축어적으로 인용되었을지도 모른다. 존 스튜어트 밀은 이러한 사상들을 유럽이나 대륙의 자유주의자들, 즉 프랑스의 계몽운동과 그 운동의 전승자들에게서 기인했을 것이라고 생각하는 것을 더 좋아했을지도 모른다. 왜냐하면 그는 아들이 자신의 아버지를 비판한다고 생각되지 않도록 하려고 했을 것이기 때문이다.

은 오늘날에는 일반적으로 사회가 경계해야 할 해악들 속에 포함
된다.

　다른 여러 형태의 전제와 마찬가지로 다수자의 압제라는 것은
처음에는 주로 관헌의 행위를 통해서 행해졌으며 두려움의 대상이
었는데, 오늘날에 와서도 일반적으로 그렇게 여겨지고 있다. 그러
나 생각이 깊은 사람들은 사회 자체가 폭군으로 될 때 — 하나의
집단으로서의 사회가 그것을 구성하는 개개의 인간에 대해서 폭군
으로서 군림하고 있을 때 — 폭정을 수행하는 수단이 오직 행정관
리의 손에 의해서 자행될 수 있는 행위에 국한되는 것이 아니라는
것을 알아차리게 되었다.

　사회는 자신의 명령을 집행할 수 있고 실제로 집행한다. 그런데
사회가 정당한 명령 대신 부당한 명령을 내리든지 본래 사회가 관
여할 성질이 아닌 일에 명령을 내린다면, 그 사회는 여러 형태의
정치적 압박보다 더 무서운 사회적 전제를 감행하게 될 것이다.

　왜냐하면 사회적 전제는 일반적으로 정치적 압제와 같은 과중한

2　'다수자의 압제' 라는 표현은 『Democracy in America』라는 책에서(1권 15장) 토크빌
　(Alexis de Tocqueville)에 의해 가장 눈에 띄게 사용되었다. 밀은 The London and
　Westminster Review, 1835년 10월호에서 토크빌의 저서 1권을, The Edinburgh
　Review, 1840년 10월호에서 그의 저서 2권을 재검토했다. 2권은 『Oissertations and
　Discussions』란 그의 저서에 재 수록되었다.

형벌로 뒷받침되고 있지 않는다 하더라도 훨씬 더 일상생활의 세부까지 깊숙이 침투해 인간의 영혼을 노예화시키고 그것으로부터 벗어날 수단을 남겨놓지 않기 때문이다. 그러므로 행정관리의 전제에 대한 보호만으로는 충분하지 못하며 지배적인 여론과 감정의 전제에 대해서 방위하는 것도 필요하다.

즉 사회가 법적 형벌 이외의 방법을 동원하여 자신의 사상과 관습에 동의하지 않는 사람들에게 그것을 행위의 규칙으로 강요하려 하고, 사회의 방식과는 조화되지 않는 온갖 형태의 개성의 발전을 방해하고, 가능하면 그와 같은 개성이 형성되는 것 자체를 저지시켜 모든 사람들의 성격이 사회의 성격을 본받아 획일화되도록 강요하려는 사회적 경향, 그 자체에 대한 방위도 필요하다.

개인의 독립성에 대해 집단의 의견이 정당하게 간섭할 수 있는 것에는 한계가 있다. 이러한 한계를 찾아내어 그것이 침해되지 않도록 하는 것은 정치적 압제를 막는 것과 같이 바람직한 인간의 상태를 유지해 가는 데 필수 불가결의 것이다.

그러나 이와 같은 생각이나 의견은 일반적으로 별 다른 이론에 부딪치지 않을지라도 그러한 한계를 어디에 두어야 할 것인가라는 실제 문제 — 어떻게 개인의 독립과 사회적 통제를 적절하게 조정할 것인가 — 는 모두가 앞으로 해결해야 할 문제로 남아 있다.

어느 누구든지 자신의 생존을 가치 있는 것으로 만들고자 하면 다른 사람의 행동에 여러 가지 제약을 가하지 않을 수 없게 된다. 그러므로 행위의 규칙이 우선 법률에 의해서, 그리고 법률의 시행에는 적합하지 못한 수많은 문제에 대해서는 여론의 힘에 의해서 부과되지 않으면 안 된다.

이와 같은 규칙이 어떤 것인가는 인간사에서 중요하다. 그러나 그것은 소수의 가장 명백한 경우를 제외하고는 지금까지 아무런 해결의 진전도 보지 못한 문제 중 하나이다. 어떠한 시대에도, 어떠한 나라들도 이것을 동일하게 해결한 적은 거의 없다. 따라서 한 시대나 한 나라가 이룩한 해결은 다른 시대와 다른 나라에게는 하나의 놀랄 만한 불가사의이다.

그러나 그 시대와 그 나라의 사람들은 이러한 문제의 해결에 따르는 곤란성에 대해 조금도 의심하지 않고, 인류의 생존 이래로 인류가 언제나 동일하게 감수해 온 문제처럼 생각을 한다. 그들 사이에서 시행되고 있는 규칙들은 그들에게는 자명하며 그 자체가 정당한 것으로 여겨진다.

이와 같은 거의 모든 보편적인 착각은 습관의 마술적 영향력을 보여주는 한 예이다. 속담에도 있듯이 습관은 제2의 천성으로 뿐만 아니라, 끊임없이 제1의 천성으로 오인되고 있다. 습관의 근거는 일반적으로 다른 사람이나 자기 자신에 대해서 원인을 설명해야만 하는 것으로 여겨지지 않기 때문에 인류가 상호간에 부과하고 있는 행위의 규칙에 관한 습관의 효력은 한층 더 완전하다.

　사람들은 철학자이기를 갈망하는 사람들에 의해 이와 같은 성질의 문제에 있어서는 자신들의 감정이 이성보다 더 뛰어나다고 믿도록 길들여지고 격려되어 이성을 불필요하게 만들었다. 사람들로 하여금 인간 행위의 규제에 대해 자기 자신의 의견을 이끄는 실제 원리는 개인의 마음속에 있는 감정으로, 모든 사람이 그렇게 행동하도록 요구되고 있고 그가 공감하는 사람들도 그렇게 행동하고자 한다는 감정이 그것이다.

　사실 어느 누구도 자신의 판단 기준이 자신의 기호라고, 다시 말해 자기 자신이 좋아하는 것이라고 자인하지는 않는다. 그러나 행위의 문제에 있어서는 의견이 확고한 근거에 의해 뒷받침되지 못할 때 그것은 한 개인이 좋아하는 것으로서의 중요성 밖에 갖지 못하게 될 것이다.

　확고한 근거라는 것도 단지 남들이 느끼는 것과 동일한 기호에 호소하는 것에 지나지 않는다면, 그것은 여전히 개인이 아닌 좀더 많은 수의 사람이 좋아하는 것에 지나지 않게 될 것이다. 그러나 일반인에게 있어 자신의 기호가 다수의 지지를 받는다는 것은 더

할 나위 없이 만족스러운 근거일 뿐만 아니라, 자신의 종교적인 신조에 명기되어 있지 않은 도덕, 취미, 예절에 관해 그가 갖는 모든 의견에 대한 유일한 근거이다.

따라서 도대체 무엇을 칭찬하고, 무엇을 비난할 것인가에 관한 사람들의 의견은 타인의 처신에 대한 그들의 바람에 영향을 미치는 수많은 잡다한 근거에 의해 영향을 받는데, 그 근거들은 다른 문제들에 있어 그들의 바람을 결정짓는 것들만큼이나 많다. 그것은 때로는 그들의 이성이고, 때로는 그들의 편견이나 미신이며, 때로는 반사회적 감정이다.

이를테면 그것은 부러움이나 질투, 교만이나 경멸인 경우도 드물지 않다. 그러나 가장 일반적인 근거는 자신의 욕망이나 두려움, 정당한 또는 부당한 사욕이다. 유력한 계급이 존재하는 곳이라면 어디에나 도덕의 대부분이 그 계급의 계급적 이익과 계급적 우월감으로부터 생겨나는 법이다.

스파르타의 시민과 노예, 농장주인과 흑인, 군주와 신민, 귀족과 평민, 그리고 남자와 여자 사이의 도덕은 그 대부분이 이와 같은 계급적 이익과 감정의 소산이었다. 이렇게 하여 생겨난 감정이 이번에는 유력한 계급의 구성원들간의 관계에서 그들의 도덕적 감정에 반작용을 하게 된다. 또한 종전에 유력했던 계급이 우세를 상실하게 되거나 이와 같은 유력한 계급이 일반의 인기를 잃어버리게 되면, 일반인들의 도덕적 감정은 가끔 그 우월성에 대한 참을 수 없는 혐오감으로 가득 차게 된다.

행동이나 자제로나 법률이나 여론에 의해서 강제되어 온 인간 행위의 규칙을 결정하는 또 하나의 대 원리는 현세의 지배자들이나 그들이 믿는 여러 신들이 좋아할 것이라고, 또는 싫어할 것이라고 생각되는 것에 영합하려는 인류의 노예 근성이었다. 본질적으로 이기적이기는 하지만, 이와 같은 노예 근성은 위선적인 것은 아니다.

그것은 어디까지나 순수한 혐오의 감정을 낳는다. 그것이 사람들로 하여금 마술사들과 이교도들을 불태워 죽이도록 했다. 그와 같은 많은 저급한 영향들 가운데 일부는 일반적이고 명백한 사회의 이해는 물론 도덕적 감정을 조장하여 이끄는 데 일정한 역할을 했으며, 그것은 결코 적은 것이 아니었다.

그러나 그러한 경우에 있어서도 이성에 의해 또는 사회의 이해에 의해서라기보다는 오히려 사회 전체의 이해로부터 생겨난 동정과 반감을 갖게 된 결과로서 행해진 것이다. 사회의 이해와는 거의 또는 전혀 무관하게 품게 된 동정과 반감이 도의를 확립하는 데 있어 사회의 이해 못지 않은 커다란 힘을 발휘했던 것이다.

사회가 좋아하는 것과 싫어하는 것이나, 그 사회의 유력한 계층이 좋아하는 것과 싫어하는 것은 법률이나 여론에 의한 형벌에 의하여 일반인들이 준수하도록 정해진 규칙을 실질적으로 결정해 온 중요한 것이다. 일반적으로 사상과 감정의 면에서 사회의 선도자 격인 사람들은 세부적인 점에서 그것과 약간 충돌하게 되더라도 원칙적으로는 불문에 붙였다.

오히려 사회가 좋아하거나 싫어하는 것이 개인에게 법이어야 하느냐의 여부를 문제삼기보다는 사회가 어떤 것을 좋아하는가, 또는 싫어하는가를 탐구하는 데 전념했다. 그들은 자유를 수호하기 위하여 널리 이단자들을 지목하여 공통적인 대의명분을 주장하기보다는 그들 자신이 이단자적 견해를 품고 있는 특수한 문제에 관해서 인류의 감정을 바꾸어 놓으려고 했다.

여기저기에 흩어져 있는 개개인이 아닌 모든 사람에 의해서 좀 더 고귀한 원리로 받아들여지고 일관되게 주장되어 온 유일한 경우는 종교적 신앙이다. 이것은 많은 점에서 교훈적인데 그 중에서도 소위 도덕관의 잘못을 저지르기 쉽다는 성질이야말로 가장 치명적인 교훈이다. 왜냐하면 매우 신실한 광신자가 품는 '신학상의 증오'[3]는 도덕적 감정을 가장 명백하게 보여주는 사례이기 때문이다.

스스로를 보편적 교회라고 칭하면서 속박을 처음으로 타파한 사람들도 종교적인 견해차를 허용하지 않았다는 점에서 카톨릭 교회와 별 다를 바 없었다. 그러나 어느 파도 완전한 승리의 깃발을 꽂지 못한 채 투쟁의 열기가 식자 각 교회나 종파는 이미 점거한 기반을 유지하는 것 이상의 세력 확장을 바라지 못하게 되었다.

그러자 소수파들은 그들이 다수파가 될 기회가 없다는 사실을 깨닫고, 그들이 개종시킬 수 없었던 사람들에게 오히려 신앙의 차이를 허용해 달라고 호소하지 않을 수 없었다. 따라서 거의 유일하게 사회에 대한 개인의 권리가 보다 보편적인 원리에 입각하여 주장되고, 의견을 달리하는 이단자에 대해 권위를 휘두르려는 사회의 요구가 공공연히 논박의 대상이 된 분야가 바로 이 종교적인 전쟁터인 것이다.

오늘날의 세계가 누리고 있는 종교적인 자유를 확립하는데 공헌한 위대한 저술가들은 거의 모두가 양심의 자유를 불가침의 권리라고 주장했으며, 인간이 자신의 종교적 신앙 때문에 다른 사람에게 책임을 지우는 것을 단호히 부인해 왔다. 그러나 본시 인간은 무슨 일에든 자신이 관심을 가지고 있으면 관용을 베풀지 못하는 것이 매우 자연스러운 것이므로 종교의 자유는 거의 어느 곳에서

---

3 | 종교가 다르기 때문에 생겨난 적의이다.

도 실제로 실현되지 못했으며, 어쩌다 실현되었다고 하더라도 그것은 신학적인 논쟁 때문에 평온한 신경을 교란시키고 싶지 않다는 종교적 무관심이 가져온 경우뿐이었다.

심지어 신앙의 자유가 가장 많이 허용되고 있는 나라조차도 거의 모든 신도의 마음속에 있는 종교에 대해 관용을 베풀어야 한다는 의무는 비밀리에 여러 가지 유보조항이 가해진 채로 인정되고 있을 뿐이었다. 어떤 이는 교회의 내정에 관해서는 너그럽게 허용하지만 교리의 문제에 관해서는 그렇지 않을 것이다.

카톨릭교도나 유니테리언 교도[4]가 아닌 한 누구에게나 관용을 베풀 수 있다는 사람이 있다. 계시종교를 믿는 사람에 대해서는 누구를 막론하고 관용을 베풀 수 있다는 사람도 있다. 비록 소수이기는 하지만 관용이라는 자비로운 마음을 좀더 널리 베푸는 사람도 있다.

그러나 그것도 하나님과 내세에 대한 신앙을 갖지 않는 사람들에게는 해당되지 않는다. 다수의 감정이 여전히 순수하고 열렬한 곳에서는 다른 사람을 복종시키고자 하는 욕구를 그치지 않고 있음이 발견된다.

---

4 | 삼위일체를 부인하며 그리스도를 신격화하지 않고 신은 하나뿐이라고 주장함.

영국에서는 정치사의 특수한 사정으로 인해 다른 유럽의 대다수 국가에서보다 여론의 구속력이 과중할지는 몰라도 법률의 구속력은 오히려 약하다. 사적인 행위에 대해서 입법권이나 행정권이 직접적으로 간섭하는 것은 상당히 경계한다. 그러나 그것은 개인의 독립에 대한 정당한 배려에서 기인하기보다는 정부를 민중의 이해와 대립되는 대표기관으로 보려는 습관이 지금도 여전히 존재하기 때문인 것이다.

대다수의 사람들은 여전히 정부의 권력이 그들의 권력이고, 정부의 의견이 그들의 의견이라고 느끼지 못하고 있다. 그들이 그렇게 될 때 개인의 자유는 이미 여론의 침해를 받고 있는 만큼이나 정부로부터 침해를 받게 될 것이다. 그러나 아직까지는 이전에 법률의 제재를 받았던 관례가 없었던 일에 대해 법률이 개인을 통제하려고 하면 즉시 그것에 반대하는 상당히 강한 감정이 일어나고 있다.

더구나 이러한 상황은 그 문제가 법률상의 통제를 받을 만한 정당한 범위 안에 있느냐 아니냐의 여부는 거의 고려하지 않고 벌어진다. 감정이란 전체적으로는 매우 유익한 것이라 할지라도 특정한 상황에 처하게 되면 확실한 근거에 입각하게 되는 만큼이나 부당하게 되기도 하기 때문이다.

실제로 정부의 간섭이 정당한가 부당한가를 관례에 의해서 식별해야 한다고 공인된 원리는 없다. 사람들은 오로지 개인적인 기호에 따라 결정을 내린다. 어떤 이들은 반드시 실현되어야 할 선한 일이나 교정되어야 할 악한 일을 발견하면 언제나 기꺼이 정부가 그러한 일을 수행하도록 촉구할 것이다.

그러나 한편으로는 정부의 통제에 복종해야 할 인간의 이해 부문에 또 다른 하나를 첨가하기보다는 아무리 커다란 사회적 해악이라도 이를 참고 견디어 나가는 편이 낫다고 생각하는 사람도 없지는 않다. 그리하여 사람들은 이와 같은 그들의 일반적인 감정에 따라 이 쪽을 편들지, 아니면 저 쪽을 편들지를 결정하게 된다.

또는 정부의 과업으로 제안되는 것에 대한 사람들의 관심의 정도에 따라서 또는 정부가 그들이 좋아하는 방법으로 수행해 줄 것인가 아닌가에 대해서 그들이 품는 신념에 따라서 어느 편을 지지할 것인지를 결정한다. 정부에 의해서 수행되는 것으로는 어떠한 일들이 바람직한가에 관해 그들이 시종일관 품어 온 의견에 기인하여 결정하는 경우는 매우 드물다.

이처럼 결정을 내리는 규칙이나 원리가 없기 때문에 현재로는 한 쪽도 다른 쪽과 마찬가지로 자주 잘못을 저지르게 되는 것이고, 그런 만큼이나 정부의 간섭 역시 부당하게 발동되고 부당하게 선고된다고 나는 생각한다.

이 글의 목적은 개개인으로 구성된 사회를 다루기 위해 정부에 전적으로 부여된 강압과 통제의 수단, 즉 법형이라는 육체적인 강압이든 여론이라는 정신적인 강압이든 간에, 그런 수단에 대한 매우 단순한 원리를 주장하는 것이다. 그것은 바로 인류가 개인적으로나 집단적으로 타인의 행동의 자유에 대해 간섭할 경우 유일하게 정당한 근거는 자기 방어라는 것이다.

문명사회의 모든 구성원에 대해 그들의 의사에 반해서 권력을 행사하더라도 정당하게 인정되는 유일한 목적이란 다른 구성원에게 미치는 위해를 방지하는 것이다. 자신의 육체적 혹은 정신적인 행복은 충분하고도 정당한 이유가 못된다. 그렇게 하는 것이 그에게 더 바람직하다거나 그를 더 행복하게 한다거나, 남들이 보더라도 그렇게 하는 것이 현명할 뿐만 아니라 정당하기도 하므로 그에게 어떠한 행동이나 억제를 강제한다는 이유는 정당하지 못하다.
이러한 이유는 그에게 충고하거나 그를 조리 있게 이해시키거나 그를 설득시키거나 그에게 무엇인가를 간청할 때에는 충분한 이유가 된다. 그러나 이러한 이유로 그에게 강제하든, 그렇게 하지 않을 경우 그에게 해를 끼치는 것에 대한 이유는 되지 않는다.
이와 같은 간섭이 인정되기 위해서는 저지시키고자 하는 그의 행위가 다른 사람들에게 해를 끼치게 되리라는 것이 예측되어야 할 것이다.

어느 누구의 행위라도 그가 사회에 대해서 책임을 져야 할 유일한 부분은 타인과 관계되는 부분이다. 자기 자신에게만 관계되는 행위에 있어서 그의 독립성은 당연히 절대적이다. 각 개인은 자신에 대해 자신의 육체와 정신의 주권자이다.

이러한 주장은 오직 성숙되고 여러 능력을 갖춘 성인들에게만 적용되는 것임은 말할 필요도 없을 것이다. 우리는 어린이나 법률이 규정하는 성인 남녀에 도달하지 않은 젊은이에 대해서 이야기하는 것이 아니다. 그들은 여전히 타인의 보살핌이 필요하고 외부의 위해로부터 뿐만 아니라 자신의 행위로부터도 보호되어야 한다.

같은 이유로 인종 자체가 여전히 미숙하다고 간주되는 미개사회 역시 논외로 하겠다. 자연스럽게 진보해 가는 과정에서 부딪치는 초창기의 곤란은 너무나 크기 때문에, 그것을 극복하기 위한 수단들은 선택의 여지가 거의 없다.

따라서 개선 의지로 충만한 통치자는 목적을 달성시키기 위해서라면 어떠한 수단도 사용할 수 있었다. 그 목적이 미개인의 생활 개선이고 실제로 통치수단에 의해 달성됨으로써 정당화된다면, 전제정치는 미개인에 대한 정당한 통치 형태이다. 원칙적으로 자유는 인류가 자유롭고 평등한 토론에 의해서 개선될 수 있는 시대 이전의 사회상태에는 적용될 수 없다.

그러한 시대가 도래하기까지는 그들이 다행히도 악바르 대왕이나 샤를마뉴 대왕[5]과 같은 인물을 발견하게 된다면 절대로 복종하는 수밖에 별 도리가 없을 것이다. 그러나 인류가 확신이나 설득에 의해서 자신들을 능히 개선해 나갈 수 있는 능력을 갖게 되자[6] 강제는 그것이 직접적인 형태이든 불복종에 대한 고통이나 형벌 등의 형태이든 간에 더 이상 자신에게 이익을 주는 수단으로 인정되지 않고, 타인의 안전 보장을 위한 수단으로만 정당화될 수 있게 되었다.

이 주제로부터 공리와는 무관한 것으로서 추상적인 권리 개념을 도출해 낼 수도 있겠으나 그러지 않겠다는 것도 말해 두어야겠다. 나는 공리야말로 일체의 윤리적 문제의 궁극적인 판정기준이라고 생각한다. 그러나 그것은 항상 진보하는 존재로서 인간의 항구적

---

5   악바르 대왕은 인도 무갈 제국의 황제였다(1542~1605). 악바르라는 이름은 일반 국민들의 대중적인 명칭이었다. 샤를마뉴 대왕은 프랑크 왕국의 왕이었다(742~814). 그는 행정조직을 정비하고 법령을 완성시켰으며 학문과 예술을 장려한 제국 건설형 왕이었다.

6   이러한 시기는 이 논문에서 고려의 대상으로 삼고 있는 모든 국민들이 이미 오래 전에 도달한 시기이다.

이익에 기초한 가장 보편적인 의미의 공리가 되어야 할 것이다.

그러한 이익은 오직 타인과 관계되는 행위에 한해서 외부통제에 대한 개인의 복종을 정당화시킨다고 나는 주장한다. 만약 누군가가 타인에게 해를 끼친다면 그것이 법률에 근거하여 혹은 법적 형벌을 안전하게 적용할 수 없을 때에는 여론의 비난에 의해 그를 처벌하는 것이 자명하다. 타인에게 이익이 되는 긍정적인 행위도 있는데 그런 것들은 행하도록 격려될 만하다.

이를테면 법정에서 증언하는 일, 공동 방어나 그가 보호를 받고 있는 사회의 이익을 위하여 필요한 기타의 공공사업에 참가하여 응분의 의무를 지는 일, 또는 동포의 생명을 구해 주는 일, 학대를 받아도 아무런 방어를 하지 못하는 약자를 보호하기 위해 개입을 하는 등의 개인적인 선행, 언제든지 그렇게 하는 것이 명확한 인간의 의무가 되는 것들, 만약 그가 그렇게 하지 않는다면 사회에 대해 책임을 지는 것이 정당한 경우 등이다.

사람은 행동을 함으로써 타인에게 해를 끼치기도 하지만 행하지 않음으로써 해를 끼치기도 한다. 둘 중 어느 경우에 있어서도 손상에 대해 마땅히 책임을 져야만 한다. 그러나 후자의 경우 전자보다 확실히 강제적으로 책임을 지도록 한층 더 신중을 기해야 한다.

타인에게 끼친 해에 대해서 책임을 묻는 것이야말로 기본 원칙이며, 위해를 막지 못한 것에 대해서 책임을 묻는 것은 비교해 말하자면 예외의 경우다. 그러나 이와 같은 예외를 정당화시킬 만한 충분하고 명백하며 중대한 경우가 많다. 개인은 대외적으로 관련되는 모든 일에 있어 이해관계를 갖는 사람들에 대해서 마땅히 책임을 져야 하며, 필요하다면 그들의 보호자 격인 사회에 대해서도 책임을 져야 한다.

그런데 가끔 그에게 책임을 지우지 않아도 좋은 충분한 이유가 있는 경우도 있다. 그러나 그와 같은 이유는 특수한 편의적인 사정으로부터 생겨나는 것이어야 할 것이다. 즉 사회가 가능한 모든 수단으로 개인을 통제하기보다는 개인의 자유 재량에 일임하는 편이 오히려 전체적으로 보아 개인이 보다 잘 행동할 가능성이 있는 경우라든가, 사회가 통제를 하려고 하면 그것이 도리어 방지하려는 해악보다 훨씬 큰 다른 해악을 가져오게 되는 경우가 그것이다.

책임이 강제되지 않는 그러한 이유일 경우, 행위자 자신의 양심은 비어있는 판사석으로 나아가 외부로부터 아무런 보호도 받지 못하는 사람들의 이익을 옹호해 주어야만 한다. 이런 경우는 개인이 동포들의 심판에 대해서 책임을 져야 하는 것이 아닌 만큼 자신을 한층 더 엄격하게 심판해야 할 것이다.

그러나 개인과는 별개로서 사회가 단지 간접적인 이해관계만을 갖는 활동영역이 있다. 그 영역 속에는 자기 자신에게만 영향을 미치는, 또는 그것이 타인에게 영향을 미친다 할지라도 그들이 자유롭고 자발적으로 그리고 기만당하지 않고 기꺼이 동의하고 참여하는 개인의 모든 생활과 행동이 포함되어 있다.

내가 자기 자신에게만이라고 말할 때 그것은 직접적으로 그리고 첫 실례로서의 의미이다. 왜냐하면 자신에게 영향을 미치는 것은 무엇이든지 간에 자신을 통해서 타인에게도 영향을 미칠 수 있기 때문이다.

이 우연성의 근거가 될 반론은 다음 장에서 살펴보게 될 것이다. 어쨌든 이것은 인간의 자유에 대한 고유한 영역이다. 그런데 그것은 다음과 같은 것으로 이루어져 있다. 첫째는 의식이라는 내적 영역이다. 그것은 가장 보편적인 의미에서 양심의 자유, 사상과 감정의 자유, 바꾸어 말하면 실제적이거나 사색적이거나 과학적이거나 도덕적이거나 신학적인 모든 문제에 관한 의견과 감정의 절대적인 자유를 요구하는 것이다.

의견을 발표하고 출판하는 자유는 개인의 행위 가운데 타인과 관계되는 영역이기 때문에 다른 원리에 의해 지배되는 것으로 보일지도 모른다. 그러나 이것은 거의 사상의 자유와 맞먹는 중요성을 가지며, 상당 부분 동일한 근거에 입각하고 있으므로 실제로 사상의 자유와 분리될 수 없다.

둘째로 이러한 원리는 기호의 자유와 추구의 자유를 요구한다. 다시 말해 우리의 생활을 우리 자신의 성격에 맞게 설계할 수 있는 자유, 그리고 우리의 행위가 비록 동포들의 눈에는 어리석고 편벽되고 잘못된 것으로 보일지라도 우리가 하는 일이 적어도 그들에게 조금도 해를 끼치지 않는 한 그들로부터 아무런 방해를 받지 않으며, 그 행위로 초래되는 결과를 감수하는 한 자신이 원하는 것을 할 수 있는 자유를 요구한다.

셋째로 동일한 제한 범위 안에서 이와 같은 각 개인의 자유로부터 개인 상호간의 단결의 자유, 즉 타인에게 손해를 끼치지 않는 한에 있어서는 어떠한 목적을 위해서 결합해도 좋다는 결합의 자유가 생겨난다. 이 경우 단결하는 사람들이 모두 성인이며, 누구에 의해서도 강제되거나 기만당하지 않는다는 것이 전제되어 있다.

통치형태가 어떻든 간에 이러한 자유가 존중되지 못하는 사회, 그리고 그것이 절대적이고 무조건적으로 존재하지 않는 사회는 결코 자유롭지 못하다. 타인의 행복을 빼앗으려고 하지 않는 한, 또는 행복을 추구하는 타인의 노력을 방해하지 않는 한, 자유라고 부를 만한 가치가 있는 유일한 자유는 우리가 좋아하는 방식으로 우리 자신의 행복을 추구하는 자유이다.

육체적인 건강이든 정신적이고 영적인 건강이든 간에 이 둘은 자신의 건강에 대한 적절한 보호자이다. 인류는 스스로 좋다고 생각하는 대로 생활하는 편이 타인이 좋다고 생각하는 것을 각 개인에게 강요하는 것보다 얻는 바가 더 많다.

비록 이와 같은 이론이 전혀 새로울 바가 없고 어떤 사람들에게는 진부하게 생각되기도 하겠지만, 현재의 여론과 관례의 일반적 경향에 대해 이것 이상으로 직접적으로 반대되는 이론은 없다.

사회는(지적 능력의 정도에 따라) 사회적인 우수성에 대해서와 마찬가지로 개인적인 우수성에 대해서도 사회가 품고 있는 생각에 동조하도록 사람들을 강요하기 위해 전력을 다했다. 고대 여러 국가들은 개인의 모든 사적인 행위를 공적인 권위로 능히 통제할 수 있는 권한이 자신들의 수중에 있다고 생각했다. 고대의 철학자들도 이러한 생각을 장려했는데, 그것은 국민 개개인의 심신 훈련이야말로 대체적으로 국가의 이해와 밀접한 관계가 있다는 근거에서였다.

자국을 둘러싸고 있는 강력한 대국들에 의한 외부의 공격이나 내부의 소란으로 인해 언제든지 붕괴될 위험이 있었고, 잠시라도 긴장과 자제가 이완되면 곧 너무나 쉽게 치명적인 파멸이 초래되므로 유익하고 항구적인 자유의 효과를 기다릴 만한 여유를 갖지 못한 소규모의 공화국에서는 용납될 수 있었을지도 모른다.

현대에 이르러 정치 사회의 규모가 한층 더 커지고 특히 영적 권위와 현세적 권위가 분리되자[7] 법률에 의해 개인 생활을 사사건건 간섭하는 일은 불가능하게 되었다. 그러나 도덕적인 억제력을 가진 기관은 사회적인 문제에서보다 개인 자신에게 관계되는 문제에서 지배적인 의견을 거역하는 것에 대해 훨씬 더 강력하게 권력을 행사해 왔다. 종교는 도덕적인 감정의 형성에 기여해 온 여러 요소들 가운데 가장 강력한 요소였다. 그것은 거의 언제나 인간 행위의 온갖 부문에 걸쳐서 통제의 손을 뻗치려고 하는 교권정치의 야심이나 청교도 교리의 정신에 의해서 지배되어 왔다.

과거의 종교에 대해서 가장 강력한 반대의 입장을 취해 온 근대의 개혁자들 중에도 영적 지배의 권리를 주장하는 점에 있어서는 결코 어느 기성 교회나 기성 종파에 못지 않은 사람들이 있다. 특히 콩트와 같은 사람이 그러한데, 『실증적 정치학 체계』에서 그가 전개하는 사회조직은 개인에 대한 사회의 전제를 확립할 것을 지향한 것이다.[8] 그러한 전제는 일찍이 고대의 철학자들 중에서도

---

7 │ 이로 인해 인간의 양심을 지도하는 일은 세속적인 일을 통제하는 사람들과는 별개의 사람들의 수중으로 옮겨지게 되었다.
8 │ 법적인 수단보다는 오히려 도덕적 수단에 의거하는 것이었다.

가장 엄격한 규율주의자들이 의도했던 정치적 이상조차 능가하는
것이었다.[9]

　개개 사상가들의 독특한 주장과는 별개로 전 세계에 걸쳐서 여
론의 힘으로 또는 심지어 법률의 힘까지 빌어서 사회의 권력을 개
인에게 부당하게 확장시키려는 경향이 더욱 증대되고 있다. 이 세
계에서 일어나고 있는 일체의 변화의 경향은 사회의 힘을 강화시
키는 반면에 개인의 힘을 약화시키는 것이므로, 이와 같은 부당한
침해는 자연히 소멸될 악도 아닐 뿐더러 반대로 점점 더 위협적으
로 된다.

　인간에게는 통치자로 있을 때나 시민으로 있을 때나 자신의 의
견이나 기호를 행위의 준칙으로서 타인에게 무리하게 강제하려는
성향이 있다. 이러한 성향은 인간의 본성에 부수되는 일종의 최선
과 최악의 감정에 의해서 강력하게 지탱되므로 아예 권력을 없애
는 것 이외에는 어떠한 수단도 이것을 억제할 수 없을 것 같다.

　그런데 권력이라는 것은 쇠퇴되기는커녕 도리어 증대일로에 있

---

9 ┃ 한때 밀은 콩트에게서 영향을 받았다(1798~1857). 콩트의 초기 저서로 6권으로 된
　┃ Cours de philosophie positive는 그들 사이에 오랜 친교를 쌓게 했고 밀의 저서 『논
　┃ 리학 체계』에 많은 영향을 주었다. 밀은 콩트의 사상을 존경했으나, 후기에 콩트의 사
　┃ 상에 대해서 차츰 혼란을 가지게 되었다. 특히 밀은 콩트의 여성관과 사회관, 그리고
　┃ 종교관에 대해서 견해가 일치하지 않았다. 콩트도 개인적으로 밀을 존경하면서도 신
　┃ 랄하게 그에게 불평을 품기도 했다.

는 형편이므로 도덕적 확신이라는 공고한 장벽을 구축하여 그러한 해악을 방지하지 않는 한, 현재와 같은 상태에서는 그 해악이 더욱 증대되는 것을 볼 각오를 해야 할 것이다.

곧장 일반론으로 들어가는 대신 먼저 이상에서 논술한 원리가 비록 완전하지는 않더라도 어느 정도까지는 현재의 여론에 의해서 인정되는 한 부문으로 문제를 한정시켜서 고찰하는 것이 논의를 전개하는 데 편리할 것이다.

그것은 바로 사상의 자유이다. 이와 같은 계통인 언론과 저술의 자유는 이것과 분리시켜 논의할 수 없다. 이러한 자유는 종교적 관용과 자유제도를 표방하는 모든 국가의 정치적 도덕성의 중요한 요소임에도 불구하고, 이러한 자유의 기초를 이루는 철학적이며 실제적 근거는 예상된 바대로 일반인들에게 잘 알려져 있지도 않을 뿐더러 여론을 이끄는 많은 사람들조차도 철저하게 평가 내리지 않았다. 이러한 근거가 올바르게 이해된다면 그것은 이 주제 영역보다 훨씬 더 광범한 범위에 걸쳐서 적용될 수 있는 것이고, 이 질문의 해당 부분에 대한 철저한 고찰은 나머지 부분에 대한 최선의 서론이 될 것이다.

따라서 내가 이제부터 이야기하려는 것에 대해 조금도 신선함을 느끼지 못하는 사람들일지라도 과거 3세기 동안 빈번히 논의되어 온 문제에 대해 새삼스럽게 좀더 논의를 하고자 한다고 해도 아마 너그럽게 용서해 줄 것이라고 생각한다.

2

사상과 언론의 자유

반대자들과 그 의견이 어떠한가를 냉정하게 관찰하여
정직하게 진술하는 사람들과
반대자들에게 불리할 것 같은 일은 하지 않고,
그들에게 유리하게 되든지 그렇게 될 것으로 생각되는 것을 숨기지 않는
사람들에 대해서는
그들이 어떤 의견을 품고 있건 당연히 경의가
표현되지 않으면 안 된다.
이것은 공적 토론의 참된 도덕이다.

제2장 _ 사상과 언론의 자유

바라건대 부패하거나 전제적인 정부에 대한 방어수단 가운데 하나로서 '출판의 자유'가 필연적이었던 시대는 지나가 버렸다. 이제는 더 이상 국민과 이해를 달리하는 입법부나 행정부가 국민들에게 일정한 지침을 내리고, 국민들이 접해도 되는 교의나 논의의 범위를 결정할 수 있도록 허용해 줄 것인가에 대해서 논쟁할 필요가 없어졌다고 생각해도 좋을 것이다.

게다가 자유 문제의 이러한 양상은 종래의 저술가들에 의해서 매우 빈번히, 그리고 의기양양하게 강조되어 왔으므로 여기에서 특별히 역설할 필요는 없을 것이다. 영국의 법률은 출판의 문제에 관해서는 지금도 여전히 튜터 왕조 시대와 같이 굴종적인 속성을 가지고 있다. 그러나 각 부 장관들이나 판사들이 폭동을 두려워한 나머지 잘잘못을 판단하는 능력을 상실하게 되는 일시적인 공황기를 제외하고는 정치적인 논쟁에 대해서 공권력을 행사할 위험성은 거의 없다.

일반적으로 말해 입헌국가에서는 정부가 국민에 대해 불관용의 기관으로서 의견 통제를 하는 경우를 제외하고는 국민들에 대해 정부가 완전히 책임을 지든 그렇지 않든 간에 종종 의사 표시에 대한 통제를 시도하지나 않을까 하고 걱정할 필요는 없다. 따라서 다음과 같이 정부가 완전히 국민과 일체 되어 국민의 소리라고 생각되는 한 어떠한 강제권도 행사하지 않는 경우를 상상해 보자.[10]

그러나 국민 스스로에 의해서 행사되든 정부에 의해서 행사되든 그와 같은 강제권을 행사할 수 있는 국민의 권리를 나는 부인한다. 그러한 권력 자체는 불법적이다. 가장 나쁜 정부와 마찬가지로 가장 좋은 정부도 그러한 강제권을 행사할 수 있는 자격을 지니지 않는다.

그런데 그러한 권력은 여론에 의해 행사될 때에도 여론에 반하여 행사될 때와 마찬가지로 유해하거나, 오히려 한층 더 유해하다. 한 사람만이 반대 의견을 가지고 그를 제외한 전 인류가 동일한 의견을 가졌다고 하더라도 그것이 부당한 것은, 그 한 사람이 권력을 장악하여 전 인류의 입을 막아 침묵토록 하는 것이 부당한 것과 조금도 다를 바 없다.

　어떤 의견이 그 소유자에게만 가치 있는 개인적인 소유물에 지나지 않거나 그러한 의견을 즐기지 못하도록 방해받는 것이 개인

10　이것을 다 써내려 가기도 전에 마치 이 말에 대해 강력히 반박이라도 하는 것처럼 1858년, 정부에 의해 사건이 발생했다. 그러나 비록 공적 토론의 자유에 대해 잘못 판단된 무분별한 간섭이 있었다고 하더라도, 본문 중에서 단 한 단어라도 변경시킬 필요를 느끼지 않았다. 또한 일시적인 위기를 별 문제로 한다면 우리나라에서는 정치상의 논의에 대해서 고통과 형벌로써 대처하는 시대는 이미 지나갔다고 보는 나의 확신은 조금도 약해지지 않았다. 왜냐하면 첫째로 이와 같은 고발은 악착스럽게 강행되지는 않았고, 둘째로 정확히 말해서 그것은 결코 정치적인 고발은 아니었기 때문이다. 고발된 범죄란 제도를 비판했다던가 통치자의 행위나 인신을 비판했다는 것이 아니라, 부도덕한 교의로 간주되는 폭군 살해의 정당성을 널리 유포시켰다는 죄였다. 만일 이 장에서 전개되는 논의가 타당하다면 비록 아무리 부도덕한 것으로 생각되는 논설이라도, 그것을 논리적 확신의 문제로서 표명하고 토론할 수 있는 완전무결한 자유가 보장되지 않으면 안 된다. 그러므로 지금 여기서 폭군 살해의 이론 전개가 과연 부도덕적인 것인지 아닌지를 검토하는 것은 적당치도 않으며 본론에서 빗나가는 일이라 할 것이다. 나는 다만 다음의 세 가지 사실을 말해 두는 것으로 만족하고자 한다.
첫째로 이러한 문제는 모든 시대에 있어서 도덕상 미해결된 문제 가운데 하나였다는 사실이다. 둘째로 법률을 초월하는 높은 지위에 자신을 올려놓음으로써 법적 형벌이나 통제를 받지 않는 범죄자를 일개 시민이 타도해 버리는 행위는 전 국민에 의해서, 또한 가장 선량하고 가장 현명한 사람에 의해서도 범죄가 아니라 숭고한 도덕적 행위로 간주되어 왔다는 사실이다. 셋째로 이러한 행위는 옳고 그름을 떠나, 암살이 아닌 내란의 성질을 가진다는 사실이다. 그러므로 나는 이런 일, 즉 폭군 살해를 교사하는 일은 특별한 경우 당연히 처벌의 대상이 될 수 있다고 믿는다. 그러나 그것은 교사 이후 명백한 행위가 이어지고, 그 행위와 교사의 사이에 적어도 합리적 관계가 있는 것으로 입증될 경우뿐이다. 그와 같은 경우라 할지라도 자위권의 행사로써 정부 자체의 존재를 부인하기 위해서 가해진 공격을 합법적으로 처벌할 수 있는 것은 오직 공격을 당한 정부뿐이며, 그것과 관계가 없는 외국의 정부는 아니다.

적인 손해에 머무른다면, 그 차이란 손해가 단지 몇몇 소수에게만 가해지느냐, 아니면 다수에게 가해지느냐 정도일 것이다. 그러나 의견의 발표를 억압함으로써 생겨나는 특별한 해악은 그것이 전 인류로부터 행복을 빼앗는다는 점이다.

다시 말해 그것은 현대인뿐만 아니라 후손들의 행복까지 빼앗으며, 지지자들은 말할 필요도 없이 반대자들의 행복까지도 한층 더 많이 빼앗게 된다. 그 의견이 옳다면 사람들은 잘못을 버리고 진리를 취할 기회를 빼앗기게 된다.

그 의견이 그릇될지라도 그들은 전자의 경우와 거의 마찬가지로 큰 이익, 다시 말해 진리와 오류가 서로 충돌할 때 진리가 마침내 오류를 물리치게 되는 데서 생겨나는 진리에 대한 보다 더 뚜렷한 인식과 보다 더 선명한 인상을 받게 되는 이익을 잃어버리게 된다.

이러한 두 가설은 제각기 그것에 대응하는 별개의 뚜렷한 논의의 영역을 가지고 있기 때문에 따로 분리하여 고찰할 필요가 있다. 우리는 우리가 억압하려고 애쓰는 의견이 잘못된 의견이라고 단정할 정도로 확신할 수는 없다. 그렇게 확신한다 하더라도 그 의견을 억압하는 일은 여전히 악일 것이다.

첫째로 권위에 의해서 억압받는 의견은 어쩌면 진리일지도 모른다. 그 의견을 억압하려는 사람들은 말할 필요도 없이 그 진실을 부정한다. 그렇지만 그들이 절대 옳지는 않다. 그들에게 전 인류에 대한 문제를 결정하고, 다른 모든 사람들로부터 판단의 수단을 배제할 권위는 없다. 그들이 어떤 의견이 잘못되었다고 확신한다는 이유로 그것에 귀를 기울이지 않는 것은 그들의 확신을 절대적 확실성과 동일시하는 것이다.

모든 토론을 억압하는 것은 자신에게는 절대 아무런 잘못도 없다고 가정하는 것이기도 하다. 그것에 대한 비난은 이와 같은 평범한 논의를 근거로 해도 무관할 것이며, 논의가 평범하다고 해서 조금도 나쁠 것은 없다.

불행히도 인류의 양식에 있어서 인간이 과오를 범하기 쉽다는 사실은 이론상으로는 항상 중시되고 있음에도 불구하고, 실제로 판단하는 데 있어서는 거의 문제시되고 있지 않는 형편이다. 왜냐 하면 누구나 자기가 과오를 범하기 쉽다는 것을 잘 알고 있음에도 불구하고 그것에 대한 예방책을 강구할 필요가 있다고 생각하는 사람은 거의 없기 때문이며, 자기가 매우 확실하다고 믿고 있는 의견도 자기 자신이 곧잘 범하기 쉬운 잘못의 한 실례일지도 모른다고 가정해 보는 사람도 거의 없기 때문이다.

전제군주나 기타 무조건적인 복종에 익숙해진 사람들은 거의 모든 문제에 관한 그들 자신의 의견에 보통 이와 같은 완전한 확신을 갖는다. 다행히도 그들보다 더 좋은 환경에 있는 일반인들은 가끔씩 자신의 의견에 대한 반박을 듣기도 하고, 잘못된 의견이 정정되는 기회를 갖기도 하는 사람들은 그들의 의견 중에서 오직 주위의 모든 사람들이나 그들이 평소 존경하는 사람들과 의견을 함께 하는 부분에 대해서만 무조건 신뢰를 한다.

왜냐하면 사람은 스스로의 판단에 대해서 자신을 갖지 못하면 못할수록 한층 더 세상의 일반적인 절대 무오류성, 즉 일반적으로 세상은 절대로 아무런 잘못도 범하지 않는다는 것을 맹목적으로 신뢰하기 때문이다. 각 개인에게 세상은 그가 접촉하는 일부의 세계, 즉 그가 속해 있는 당, 종파, 교회, 사회계급 등을 의미한다.

세상이라는 말을 자신의 조국이나 자신이 살고 있는 시대라는 넓은 의미로 생각하는 사람은 비교적 관대하고 도량이 넓은 사람이라고 불릴 수 있을지도 모른다. 세상이라는 집단적 권위에 대한 그의 신뢰는 기타의 여러 다른 시대, 다른 국가, 다른 종파, 다른 교회, 다른 계급, 다른 당이 자기네들과는 정반대 되는 것을 생각해 왔으며, 현재에도 여전히 그러하다는 사실을 알게 되더라도 조금도 동요되지는 않는다.

그는 의견을 달리하는 다른 사람들의 세계에 대항해서 자신을 정당하다고 생각한다. 이럴 경우 그는 그렇게 생각하는 책임을 자기가 속하는 세계에 돌리게 된다. 이와 같은 많은 세계 속에서 어느 것이 자신의 신뢰의 대상이 되는가 하는 것은 우연에 의한 것이었으며, 런던에서는 그를 국교 신도로 만든 것과 동일한 원인이 북경에서는 불교도나 유교도로 만들게 했을지도 모른다는 사실은 조금도 그의 마음을 괴롭히지 않는다.

그러나 시대라는 것도 개인에 못지 않게 잘못을 저지르기 쉽다는 것은 장황한 논의를 거치지 않더라도 그 자체가 자명한 일이다. 어느 시대도 그 후의 시대에서 바라보면 잘못되어 있을 뿐만 아니라 터무니없이 불합리한 의견을 많이 품었었다. 과거에 일반적으로 믿어졌던 많은 의견들이 오늘날에는 거부되고 있는 것이 확실한 것처럼, 현재 일반적으로 믿어지는 많은 의견들도 장래의 시대에 의해서 거부되어질 것이라는 것도 확실하다.

이와 같은 논의에 대해 예견 가능한 반대론은 아마 다음과 같은 형식을 취할 것이다. 자신의 판단과 책임에 있어서 공공의 권위에 의해 이루어진 다른 어떤 것보다도, 잘못된 의견의 전파를 금지하는 것은 절대 잘못이 없다는 가정보다 더 큰 가정은 없다. 원래 판단력이 사람들에게 부여된 것은 사람들로 하여금 그것을 사용케 하기 위해서다.

판단력이 잘못 사용될 수도 있기 때문에 그것을 전혀 사용하지 말라고 해야 하는 것일까? 사람들이 유해하다고 믿는 것을 금하는 것은 자기편에게 잘못이 없다는 것을 주장하는 것이 아니다. 그것은 모름지기 자신의 양심적 확신에 따라서 행동해야 한다는 사람으로서의 의무를 수행하는 일에 지나지 않는다.

우리가 자신의 의견에 따라 행동해서는 안 된다고 하면, 우리 자신의 이익도 일체 돌보지 않고 의무도 일체 수행하지 않은 채로 방치되고 말 것이다. 반론이 모든 행위에 대해 타당하다고 하여 각각의 행위에 대해서도 정당하다고 할 수는 없다. 가능한 가장 진실된 의견을 구성하되 그것이 정당하다는 충분한 확신을 가질 수 없는 한 타인에게 결코 그것을 강요하지 않는 것이 정부와 개인의 의무이다.

오늘날에는 진리가 된 의견이 문명이 덜 발달되었던 이전 시대에는 박해를 받았던 일이 있었다는 이유로 자신들의 의견에 따라서 행동하는 것을 주저하고, 진심으로 현재의 삶에서나 장래의 삶에서 인류의 복지에 위험하다고 생각되는 주장이 아무런 제재 없이 유포되도록 내버려두는 것은 양심적인 태도가 아니라 비겁한 태도이다.

동일한 과오가 되풀이되지 않도록 주의하자고 말할 지도 모른다. 그러나 정부와 국가는 본래 권력의 행사에 적합하다고 인정되는 다른 사항에 있어서도 잘못을 저질러 왔다. 그들은 과도한 세금을 부과했고 불의의 전쟁을 감행했다. 그렇다고 하여 결코 세금을 부과해서는 안 되며, 어떠한 도발이 있더라도 전쟁을 해서는 안 되는 것일까? 국민과 정부는 최선을 다하여 행동하지 않으면 안 된다.

세상에는 본래 절대적 확실성은 결코 존재하지 않지만 인간 생활의 여러 가지 목적을 달성하기에는 충분한 확신은 있다. 우리는 자신의 행동을 지도하기 위하여 자신의 의견을 진실된 것으로 가정해도 되며, 반드시 그렇게 해야만 한다. 우리가 악인의 행위를 금지할 때, 다시 말해서 우리가 잘못되고 해로운 것으로 믿는 의견을 널리 전파시킴으로써 사회를 나쁜 길로 이끄는 악인의 행위를 금지할 때도 그 이상의 가정을 하는 것은 아니다.

이것에 대해서 나는 이렇게 대답하려고 하는데, 이러한 생각은 그것보다도 훨씬 더 많은 것을 가정한다. 어떤 의견에 온갖 논쟁의 기회가 부여되었음에도 불구하고 그 의견이 논박되지 않았기 때문에 그것을 진리라고 가정하는 일과 처음부터 논박되는 것을 허용하지 않을 목적으로 그것을 진리라고 가정하는 일 사이에는 상당한 차이가 있다.

의견을 반박하여 반증을 제시할 수 있는 완전한 자유 속에는 우리가 활동의 여러 목적들을 달성하기 위해서 우리의 의견을 진리라고 가정하는 조건이 포함되어 있다. 이러한 조건이 없다면 전능한 신이 아니라 상대적인 능력을 가진 인간이라는 존재는 자기가 정당하다고 합리적으로 확신할 수 없다.

  의견의 역사나 인생의 일상적인 행위를 고찰해 볼 때, 전자와 후자가 오늘날과 같은 정도로 진보된 것은 대체 무엇에서 기인되는 것일까? 그것이 인간의 오성에 내재하는 천부적인 힘에서 기인되지 않은 것은 확실하다. 즉 자명하지 않은 문제에 관해서 그것을 옳게 판단할 수 있는 사람이 한 명 있을 때 그렇지 못한 사람이 99명이며, 그 100번째 사람의 능력도 상대적인 것에 지나지 않기 때문이다.

  그리고 과거를 통틀어 탁월했던 인물들이 품었던 의견의 대다수가 오늘날에는 잘못된 것으로 판명되고 있고, 오늘날에 와서는 어느 누구도 정당하다고 인정하지 않는 많은 행위를 감행하든가 시인하든가 했기 때문이다.

  그렇다면 전체적으로 볼 때, 합리적인 의견과 행위가 인류 사이에서 우세를 보이는 이유는 대체 무엇일까? 실제로도 이와 같이 우세하다면 인간사가 예나 지금이나 거의 절망 상태에 빠져 있지 않다면 당연히 그렇지 않으면 안 되는데, 그것은 지적 존재로서 또는 도덕적 존재로서 인간 속에 깃들어 있는 참으로 존경할 만한 모든 것들의 원천이 되는 인간 정신의 특성에서 기인되는 것이다.

인간은 자신의 잘못을 토론과 경험을 통해 능히 시정할 수 있다. 그러나 경험만으로는 그렇게 되지 않으며, 경험을 어떻게 해석해야 할지 결정하기 위해 토론이 필요하다. 잘못된 의견과 행동은 점차로 사실과 논증 앞에 굴복 당한다. 그러나 사실과 논증이 인간의 마음에 영향력을 행사하기 위해서는 인간의 지력 앞에 제시되어 판단을 거치지 않으면 안 된다. 비록 사실이라 할지라도 그 의미를 분명히 하기 위한 아무런 주석도 덧붙이지 않은 채 그 자체로 자연스럽게 의미가 설명되어지는 경우는 극히 드물다.

따라서 인간의 판단력의 힘과 가치는 만약 판단이 잘못되더라도 시정이 가능하다는 유일한 특성에 달려 있기 때문에 그것을 시정할 수 있는 수단이 항상 손 가까이에 갖추어져 있을 때만 그 판단은 믿을 수 있게 된다.

어떤 사람의 판단이 참으로 신뢰할 만한 가치가 있다면 어째서 그런 것일까? 그것은 바로 그가 마음의 문을 활짝 열어 놓고 자신의 의견과 행위에 대한 비판을 자유롭게 받아들였기 때문이다.

그는 자신에 대한 모든 반대 의견을 귀담아 듣고, 그 중에서 올바른 것은 취하여 스스로를 이롭게 하는 동시에 잘못된 허위성에 대해서는 설명을 하는 것이 그의 일상적인 습관으로 되어 왔기 때문이며, 인간이 어떤 문제에 관한 완전한 지식에 어느 정도 접근할 수 있는 유일한 길은 그 문제에 대해서 여러모로 다른 의견을 가진 사람들의 의견을 될 수 있는 대로 귀담아 들을 뿐만 아니라, 각양각색의 정신을 지닌 사람들이 관찰할 수 있는 모든 관찰방법을 연구하는 데 있는 것이라는 사실을 그가 느껴왔기 때문이다.

　어떤 현인도 이 이외의 방법으로 지혜를 얻은 적은 없었다. 이외의 다른 방법으로 어질고 총명하게 된다는 것은 인간 지성의 본질로는 불가능하다. 자신의 의견을 다른 사람의 의견과 서로 대조해 봄으로써 자신의 의견 가운데 잘못된 점을 시정하여 완전한 것으로 만드는 습관은 그것을 실행으로 옮길 때 회의나 망설임을 갖게 하기는커녕 도리어 자신의 의견에 대하여 정당한 신뢰감을 갖게 하는 확실한 근거가 된다.

　이는 적어도 분명한 형태로 그에게 제시되는 반대의 모든 내용을 알고 있고, 반대자들에 대해서 자기의 의견을 주장 — 반대 의견이나 곤란을 회피하지 않고 자신 있게 추구해 왔으며, 모든 방향으로부터 그 문제에 비춰지는 광명을 차단해 버린 적이 없었다는 것을 알고 있으므로 — 해 왔으며, 그는 그러한 과정을 거치지 않은 어떤 개인과 집단의 판단보다는 자신의 판단이 탁월하다고 생각할 권리를 갖게 되기 때문이다.

　자신의 판단을 믿어도 될 만한 최고의 자격을 가진 현명한 사람들이 자신의 판단에 의존하는 정당성을 얻기 위해서는 현명한 소수와 어리석은 다수로 구성되어 있는 일반대중의 인정을 받아야만 한다는 것은 결코 지나친 요구가 아니다.

　모든 교회를 통틀어 가장 관용이 적은 로마 카톨릭 교회는 한 성도를 성열에 가입케 하는 경우에 있어서 조차도 '악마의 대변자'를 불러들여 그의 발언에 참을성 있게 귀를 기울인다. 가장 신성한 사람이라 여겨지더라도 악마가 그에 대해서 말하는 반대의 내용이 모두 알려지고 신중하게 평가되기 전에는 사후의 영예를 누릴 수 없도록 되어 있는 것 같다.

　뉴턴의 철학조차도 그것에 조금도 의심을 품지 못하도록 되어 있었다면, 인류는 그 진실성에 대해서 오늘날처럼 완전한 확신을 가질 수 없었을 것이다. 우리가 가장 확실한 근거를 가지고 있는 신념은 전 세계를 향하여 그 근거 없음을 한번 증명해 보라고 끊임없이 호소하는 것 외에는 의지할 만한 근거를 갖지 못한다. 이러한 도전이 받아들여지지 않거나 혹은 받아들여져 그 도전을 물리치려는 시도가 실제로 있다고 하더라도, 여전히 아직도 확실성으로부터 멀리 떨어져 있다.

우리는 이성의 현 상태가 허용하는 한 최선을 다했다고 할 수 있다. 우리는 진리에 접근할 수 있는 기회를 제공하는 모든 것들을 어느 것 하나 무시하지 않았다. 토론 장소가 널리 개방되어 있다면 우리는 다음과 같이 기대해 볼 수 있을 것이다.

보다 참된 진리가 있는 경우에는 인간의 지력이 그것을 받아들일 만한 때가 도래하기만 하면 반드시 발견되고야 말 것이다. 그리하여 이전까지는 오늘의 시대에서 가능한 진리의 세계에 접근했다고 믿어도 좋을 것이다. 이것은 잘못을 저지르기 쉬운 존재에 의해서 도달할 수 있는 확실성의 최대한이며, 그와 같은 확실성에 도달하는 유일한 길이기도 하다.

이상하게도 사람들은 자유토론을 찬성하는 논의의 정당성을 인정하면서도 그 논의가 극단으로 치닫는 것은 반대한다. 이유란 것이 극단적인 경우에도 유효하지 못하다면 어떠한 경우에도 유효하지 못하다는 것을 그들은 알지 못한다.

의심을 품을 수 있는 모든 문제에 대해서 자유로운 토론이 있어야 한다는 것을 인정하면서, 그들이 확실하다고 확신한다는 이유로 특정 원칙이나 학설에 대해 의문을 품는 것을 금하는 것은 이상하다. 그러면서도 자기네들은 절대무오류성을 가정하고 있는 것은 아니라고 생각하며 판정을 내리는 것은 이해할 수 없다.

명제의 확실성은 허용만 된다면 — 부정하고 싶지만 실제로는 허용되지 않기 때문에 부정을 하지 못하는 사람이 있는데도 불구하고 그 명제를 확실하다고 간주하는 것은 자기 자신과 더불어 의견을 같이 하는 사람들만이 확실성의 판정자이며, 나아가 다른 사람들의 말에는 귀를 기울이지도 않고 판정을 내릴 수 있는 자라고 가정하는 것이라 할 것이다.

　현대 — 신앙을 잃고 회의를 두려워하고 있는[11] 시대라고 이야기되는 시대 — 는 사람들이 그들의 의견을 진리라고 믿기보다는 그와 같은 의견이 없다면 무엇을 해야 할지를 몰라 당황하게 되리라는 것을 확신하고 있는 시대이기도 하다. 이와 같은 시대에서는 어떤 의견을 일반 대중의 공격으로부터 보호하라는 것은 의견의 진실성을 근거로 하기보다는 오히려 그 의견이 사회에 대해 갖는 중요성을 근거로 하는 것이다.

　사회의 복지를 위해서는 필수 불가결하다고 말할 수 없지만 매우 유용한 것으로 보이는 종류의 신념이 있다. 이러한 신념을 지지하는 일은 사회의 다른 이익을 보호하는 일과 마찬가지로 정부의 의무라고 세상 사람들은 말하고 있다. 그와 같은 필요가 있는 경우

---

11 ┃ 이 표현은 sir walter scott에 대한 소론에서 토마스 칼라일에 의해서 사용되었다. (Cahyle, Critical and Mis Cellaneous Essays, 7 vol; London, 1869, Vol. VI, p.46)

직접적으로 정부의 의무와 관계가 있다면 정부는 인류의 일반적인 여론에 의해서 지지된 자신의 의견에 의하여 마땅히 행동을 해도 좋으며, 그렇게 해야만 한다고 주장된다.

악인이 아니라면 누구나 이와 같은 건전한 신념을 약화시키려 하지는 않을 것이라고 논의하는 일조차 없으며, 내심 그렇게 해야만 한다고 주장된다. 따라서 악인을 억제하여 그들만이 행하고 싶어하는 것을 금지하는 것은 조금도 잘못이 아니라고 생각되고 있다.

이와 같은 사고방식에 의하면 토론을 억압하는 것이 정당한가 정당치 못한가 하는 것은 그 이론의 진리성의 문제가 아니라 유용성의 문제라는 것이다. 그리하여 자신이 여러 의견에 대해 절대로 잘못이 없는 판단자로 될 것을 요구하는 책임으로부터 벗어날 수 있다고 자만하게 된다.

그러나 이렇게 스스로 만족을 느끼는 사람들은 절대무오류성에 대한 가정이 실제로는 단순히 어느 한 점에서 다른 점으로 옮겨진 것에 지나지 않는다는 사실을 알아차리지 못한다. 어떤 의견이 유익한가 유익하지 못한가 하는 것은 그 자체가 의견의 문제다. 이것은 의견 자체와 마찬가지로 반론되어질 수 있으며, 토론의 여지를 가지고 많은 토론을 필요로 한다.

비난을 받는 의견이 스스로를 변호하기 위한 충분한 기회를 갖지 못하는 한 그것을 해로운 것이라고 결정하기 위해서는 그 의견 역시 절대로 아무런 잘못도 저지르지 않는 의견의 판정자를 필요로 한다. 따라서 이단자가 자신의 의견의 진실성을 주장하는 것은 금지되더라도 그의 의견이 유용하다든가, 해롭지 않다고 주장하는 것만은 허용되어도 무관하다고 말하는 것은 아무런 의미도 없을 것이다.

의견의 진실성은 그 의견의 유용성의 중요한 요소이며 어떤 주장이 일반 사람들에게 믿어지는 것이 바람직한가 아닌가를 알려고 할 때, 그 주장이 진리인가 아닌가에 대한 생각을 하지 않을 수 있을까? 악인의 의견이 아니라 가장 훌륭한 사람들의 의견에서 진실성에 위배되는 신념은 어떤 것이건 참으로 유익할 수 없다.

이와 같이 훌륭한 사람들에 의해서 유익하다고 이야기되고는 있지만, 그것이 잘못되었다고 믿어지는 이론을 부정했다는 죄로 그들이 문책을 당할 때, 그들이 잘못되었다는 믿음을 저지시킬 수 있을까? 일반 사람들에게 받아들여지고 있는 의견에 찬동하는 사람들은 반드시 이와 같은 주장을 가능한 많이 이용하게 된다.

그러나 이러한 사람들이 유용성의 문제를 마치 그것을 진실성의 문제로부터 완전히 분리시킬 수 있는 것처럼 다룬다는 것을 여러 독자들은 좀처럼 알지 못할 것이다. 실제로는 그와는 정반대로 무엇보다도 그들이 주장하는 교의가 진리이기 때문에 그것에 대한 지식이나 신념이 절대로 필수 불가결하다고 생각되고 있다.

이와 같이 매우 중요한 논증이 한 쪽에서는 사용되는데도, 다른 쪽에서는 사용되지 못한다고 하면 유용성의 문제에 관한 공평한 토론은 도저히 행해질 수 없을 것이다.

사실상 법률이나 일반의 감정이 어떤 의견의 진실성을 논의하는 것을 허용하지 않는다면 그 의견의 유용성을 부인하는 것도 허용되지 않는다. 그들이 허용하는 최대한도는 그와 같은 의견의 절대적 필요성을 가감하든지 그 의견을 적극적으로 거부한다는 명백한 죄의 경중을 어느 정도 참작하는 정도에 지나지 않는다.

우리는 자신의 판단으로 그들이 옳지 않다고 비난하기 때문에 사람들의 의견에 귀를 기울이지 않는 데서 생겨나는 폐단을 좀더 충분히 예증하기 위해서 문제를 구체적인 실례에 한정시켜서 논의해 보는 것이 좋을 것이다. 그래서 나는 일부러 나에게 가장 달갑지 않은 사례를 선택하겠다.

진실성과 유용성이라는 두 가지 모두의 이유로 인해 의견의 자유에 반대되는 주장은 가장 강력하다고 간주된다. 비난받는 의견이 신앙이나 미래국가, 또는 일반적으로 받아들여지는 도덕론 중 하나라고 하자. 이러한 근거에서 싸우는 것은 공정치 못한 적수에게는 커다란 이점을 주게 된다.

왜냐하면 그는 반드시 '당신은 이와 같은 이론들이 충분히 법의 보호를 받을 만한 정도로 확실한 것이라고 생각하지 않는가? 당신의 생각에 의하면 어떤 의견을 확신한다는 것은 절대무오류성을 가정하는 일이 되지만, 신에 대한 신앙도 그와 같은 의견 중 하나인 것일까?' 라고 말할 것이기 때문이다(조금도 불공평한 일을 하고 싶지 않은 많은 사람들도 속으로는 같은 말을 할 것이다.).

그러나 내가 다음과 같이 말하는 것을 용납해 주기를 바란다. 내가 절대무오류성의 가정이라고 부르는 것은 어떤 이론 — 그것이 어떠한 내용이건 — 을 확신한다는 것을 말하는 것은 아니다. 그것은 어떤 사람이 반대편에서 제시될 수 있는 주장을 다른 사람들에게는 들려주지 않고 다른 사람들을 위하여 그 문제를 결정하려는 것이다.

내가 가장 엄숙하게 확신하는 것을 지지하는 편으로부터 그와 같은 주장이 나온다 해도 나는 역시 그것을 비난하며 힐책할 것이다. 의견의 허위성뿐만 아니라 해로운 결과에 관하여 — 해로운 결과뿐만 아니라(내가 싫어하는 표현을 빌린다면) 비도덕성과 비경건성에 관하여 — 어떤 사람의 확신이 아무리 강하다 할지라도, 또 그가 그와 같은 개인적인 판단을 믿는 나머지 그 의견이 스스로를 변호하려는 기회를 막아 버린다면 그의 판단이 그의 나라나 동시대인의 일반적인 판단에 의해서 지지되고 있다 할지라도 그는 절대무오류성을 가정하는 것이다.

문제되고 있는 의견이 부도덕하다든지 경건치 못하다고 해서 이러한 절대무오류성의 가정에 대한 허구성이나 위험성이 감소되기는커녕, 다른 모든 사례들 중에서 가장 치명적인 사례가 되는 것이다. 어떤 시대의 사람들이 후세 사람들의 놀라움과 공포를 불러일으키게 하는 무서운 과오를 범하는 것은 이와 같은 경우이다.

가장 훌륭한 사람들이나 가장 숭고한 여러 가지 이론들을 근절해 버리기 위하여 법의 힘이 사용된 역사상 좀처럼 잊을 수 없는 여러 가지 사례도 이러한 경우에서 보여지고 있다. 가장 훌륭한 사람들을 섬멸시키는 데는 비참할 정도로 성공을 거두었지만, 여러 가지 이론들 중의 일부는 남아서(마치 사람을 조롱하듯이) 그 이론에 반대하는 사람들이나 그 의견에 대한 일반의 해석과는 의견을 달리하는 사람들을 같은 모양으로 억압하려는 행위를 변화시키는 역할을 담당하게 된다.

옛날에 소크라테스에게는 그와 당시의 사법 당국, 그리고 일반 여론 사이에 역사에 남을 만한 충돌이 일어났었다. 인류는 이 사실을 깊이 새겨 기억해 두어야 할 것이다. 그는 위대한 인물이 배출된 시대와 나라에서 태어나 그와 그 시대를 아울러 잘 알고 있는 사람들에 의해서 당시의 가장 유덕한 인물로 우리에게 전해져 왔다.

한편 우리는 그야말로 후세의 덕행을 가르치는 모든 교사들의 원조이며 원형이고, 윤리학과 그 밖의 모든 학문의 2대 조류[12]인 플라톤의 숭고한 영감과 '지자들의 스승'인 아리스토텔레스의 공정한 공리주의를 낳은 원천으로 알고 있다.

그 이후 오늘날까지의 모든 탁월한 사상가들의 스승으로 인정받고 있는 이 사람 — 그의 명성은 2천 여년이라는 세월이 흐른 오늘날에도 여전히 높아만 가고 있으며, 그의 고국의 이름을 빛내고 있는 다른 모든 위대한 사람들을 거의 능가할 정도이다. — 은 신앙심이 없고 부도덕하다는 죄목으로 유죄선고를 받고 그 나라 사람들에 의해서 사형에 처해졌다.

신앙심이 없다고 지목된 것은 나라가 인정하는 신들을 부정했기 때문이었다. 실제로 그를 고발한 사람은 그가 어떠한 신도 믿고 있지 않다고 주장했다.[13] 부도덕하다고 지목된 것은 그가 그의 이론과 가르침으로 '젊은이들을 타락시키는 자'라고 보여졌던 것이다.

---

12 단수형으로 단테가 아리스토텔레스를 가리켜 말한 것이다. 그런데 밀은 이 어구를 플라톤과 아리스토텔레스 두 사람을 가리켜 말하면서 복수화했다.

13 『소크라테스의 변명』을 참조.

이와 같은 고발에 대해서 법정은 믿을 만한 근거가 있어 공정하게 그의 유죄를 인정했다. 법정은 당시 모든 사람들 중에서 아마도 인류로부터 최대의 대우를 받아야 할 인물에 대하여 죄인으로 사형에 처해져야 한다고 선고했다.

또 다른 실례로 이야기를 옮겨 1,800여년 전에 갈보리산 위에서 일어났던 사건은 비록 소크라테스의 처형 이야기에 이어지더라도 용두사미격이 되지는 않을 것이다. 그가 자라온 생애를 보고 직접 그의 말을 접한 사람들의 기억 속에 도덕적 위대성의 강렬한 인상을 아로새겨 주었고, 그 후 18세기 동안이나 전능자의 화신으로 숭배되어 온 인물이 불명예스러운 사형에 처해졌다.

어떤 죄목으로 그렇게 된 것일까? 그것은 신성모독죄였다. 사람들은 은인을 오해했을 뿐만 아니라, 본래의 참된 그와는 정반대의 인간으로 잘못 보고 그를 신앙이 없는 흉악한 사람으로 다루었다. 그러나 그렇게 다루었기 때문에 오늘날에 와서는 그들이 신앙심이 없는 사람으로 생각되어지게 되었다.

오늘날 인류가 통탄할 만한 일로 여기는 두 개의 사건들 가운데 특히 후자를 더 그렇게 느끼는 감정 때문에 이러한 행위자들에 대한 평가는 불공평하다. 어느 면을 보아도 그들은 악인이 아니었다. 보통의 인간보다도 사악한 사람들이 아니라 오히려 그 반대였다.

당시 국민들이 품고 있었던 종교적이고 도덕적이며 애국적인 감정을 충분히 갖고 있었던 사람들이었다. 그들은 우리의 시대를 포함한 전 시대에 있어서 아무런 비난도 받지 않고 사람들의 존경을 받으면서 일생을 보낼 수 있는 충분한 가능성을 가졌던 사람들이었다.

자기 나라인 유대의 모든 사상에 의하면 다시없이 흉악한 죄가 되는 말이 토해졌을 때, 자신의 성의를 찢어버리면서 분노했던 대제사장도 아마 오늘날 존경할 만한 경건한 사람들이 일반적으로 자신의 종교적이며 도덕적 감정을 토로할 때와 조금도 다름없이, 십중팔구는 마음속으로부터 혐오감과 의분을 느꼈을 것이다.
오늘날 그 대제사장의 행위를 보고 두려워하는 사람들의 대다수도 그 시대에서 유대인으로 태어났더라면, 그들도 어김없이 그와 똑같은 행동을 취했을 것이다. 초기의 순교자들에게 돌을 던져 죽인 사람들을 그들 자신들보다 더 악한 사람들이었을 것이라고 생각하는 경향이 있는 정통파 그리스도 교인들은 이러한 박해자 중의 한 사람이 바울이었다는 것을 상기해야 할 것이다.

실례를 하나 더 들어보자면 만약 잘못을 저지르는 사람의 지와 덕의 크기로 잘못에 대한 인상의 강약이 측정되는 것이라면, 이것은 모든 실례들 가운데 가장 인상적인 것이다. 권력을 장악한 사람으로서 자신을 동시대인들 중에서 가장 선량하고 가장 개명된 사람으로 생각할 자격이 있는 사람이 일찍이 있었다고 한다면, 그는 마르쿠스 아우렐리우스 황제일 것이다.[14]

그는 당시 전체 문명 세계의 절대군주이면서도 가장 결백한 정의감뿐만 아니라, 그가 받은 스토아적인 교양으로부터는 거의 기대하기 어려우리라 생각되지만 가장 부드러운 마음씨를 일생토록 간직했었다. 몇 안 되는 그의 결점은 모두 그의 관대함의 한 면이었다.

고대 정신의 최고의 윤리학적 소산인 그의 저작들은 그리스도의 가장 특징적인 가르침과는 차이가 있다고는 하지만 그 차이는 거의 지각하기 어렵다. 이 사람은 그리스도교 교리 상으로 보면 그리스도 교도라 할 수 없을지 모르지만, 그 이후에 이 세계에 군림한 그리스도교적 군주라고 자처한 어떠한 인물들보다 훨씬 더 나은 그리스도 교도였음에도 불구하고 그리스도 교도를 박해했다.

비록 자신의 개방적이고 자유로운 지성과 인격으로 인해 그의 도덕적인 저작들이 윤리학을 다룬 이전의 저작들 가운데 최고봉을

---

14   매튜 아놀드가 기독교와 우상숭배에 관한 밀의 견해를 인용한 것은 마르쿠스 아우렐리우스 통제에 관한 그의 수필집에 있다. (Arnold, Lectures and Essaysin Criticism ed, R. H. Super, Ann Arbor, 1962, P.133)

차지하고 있고 그 속에 그리스도교의 이상을 구체화시키고 있음에도 불구하고, 그리스도교가 세상에 대해 선이며 악이 아니라는 것을 그는 보지 못했다.

그도 당시의 사회가 개탄할 만한 상태라는 것을 알고 있었다. 그러나 그럼에도 불구하고 그런 대로 사회의 결합이 줄곧 유지되며 그 이상으로 악화되지 않는 것은 공인된 여러 신들에 대한 신앙과 존경에 기인한다고 그는 인정하였고, 인정한다고 생각하였다.

그는 인류의 지배자로서 사회가 산산조각으로 와해되지 않도록 하는 일이 자신의 의무라고 생각했다. 그는 현존의 유대관계가 해체되더라도 그 후 다시 사회를 결합시키는 새로운 유대관계가 생겨날 수 있다는 사실을 알지 못했다. 따라서 그 종교를 택하는 것이 자신의 의무가 아니라면 그것을 거절하는 것이 자신의 의무처럼 생각되었던 것이다.

그러자 그리스도교 교리는 그에게 더 이상 진실도 신성에서 기인한 것도 아니었고, 십자가에 못 박힌 신에 대한 이상한 역사도 더 이상 믿을 수 없었으며, 자신이 전혀 믿을 수 없는 근거에 전적으로 의지하려는 그 종교가 사회 혁신의 원동력이 되리라고는 생각되지 않았다. 따라서 철학자들과 통치자들 중에서 가장 너그럽고 온화한 인물이었던 그는 자신의 엄숙한 의무감에서 그리스도교의 박해를 공인했다.

이것은 전체 역사를 통틀어 가장 비극적인 사실 가운데 하나라고 생각한다. 그리스도교의 신앙이 콘스탄틴 황제 대신 마르쿠스 아우렐리우스 황제의 보호 아래서 로마 제국의 종교로 채택되었더라면 얼마나 달라졌을까를 생각하면 아쉽고 비통한 마음을 금할 수 없다.

그러나 그리스도 교도가 반 그리스도교적인 교리를 처벌할 경우에 내세우는 구실도 그리스도교의 포교를 벌하려고 했던 마르쿠스 아우렐리우스의 경우와 다를 바 없다는 사실을 부인한다면 그것은 그에 대해서 공평성을 결하게 되는 동시에, 진리에도 어긋나는 것이 될 것이다. 그리스도 교도라면 누구나 무신론은 잘못이며, 사회를 해체로 이끌어 가는 경향이 있다고 확신한다. 마르쿠스 아우렐리우스도 그리스도교를 그러한 것으로 확신하고 있었다.

동시대인의 전체를 통틀어 누구보다도 그리스도교를 올바르게 평가할 수 있는 능력을 가졌다고 생각해도 좋을 그가 그렇게 확신했던 것이다. 그러므로 의견이 전파되는 것에 대한 처벌을 찬성하는 사람은, 적어도 자신이 마르쿠스 아우렐리우스보다 더 현명하고 선량한 인간이라고 자만하지 않는 한 — 자신이 속한 시대의 예지에 아우렐리우스 이상으로 정통하고, 지성의 면에서 그 이상으로 뛰어나며, 진리의 탐구에도 그 이상으로 열렬하고, 일단 진리가 발견되면 그것을 신봉하는데 그 이상으로 전념할 수 있다고 자만하지 않는 한 — 자기와 일반 대중의 의견에 절대로 아무런 잘못이 없다고 가정하는 일은 삼가야 할 것이다. 저 위대한 안토니누스(아우렐리우스를 가리킴) 조차도 그와 같은 절대무오류성을 가정하였기 때문에 그처럼 불행한 결과를 초래하게 되었다.

마르쿠스 안토니누스를 정당화시킬 수 없는 어떠한 논의로써도 반종교적인 의견을 억압하기 위하여 형벌을 행사하는 것을 변호하는 것은 불가능하다는 것을 깨달으라. 종교적 자유의 적들은 궁지에 몰리게 되면 이러한 결과를 그대로 인정하고, 존스 박사와 더불어 다음과 같이 말한다.

"그리스도교의 박해자들은 정당했다. 박해는 진리가 통과하지 않으면 안 되는 시련이며, 그것을 무사히 통과하는 것만이 진리이다. 법적 형벌은 유해한 잘못에 대해서 때로는 유익한 효과를 갖지만, 진리에 대해서는 결국 무력한 것이다."[15]

이것은 종교적 불관용에 대한 찬성론으로 그냥 간과해 버릴 수 없는 매우 주목할 만한 주장이다.

---

15 | 사무엘 존스의 말을 원용한 것임.

박해는 실질적으로 진리에 대해서 아무런 손상을 줄 수 없기 때문에 진리가 다소 박해를 받는 것도 그렇게 부당하지는 않다는 이론이 새로운 진리를 받아들이는 것에 대한 고의적인 적대라며 비난받지는 않을 것이다. 그러나 우리는 인류에게 새로운 진리를 전달한 사람들에 대한 대우의 측면에서 이 이론이 갖는 비관대성에는 찬성할 수 없다.

세상과 깊은 관계가 있음에도 불구하고 종래 세상이 알지 못하고 지냈던 어떤 것을 세상에 알리는 것과 세속적 또는 영적인 이해에 관한 중대한 문제에 대해서 명확한 것을 제시하는 것은 한 인간이 동포에 대해서 할 수 있는 최대의 공헌이기도 하다. 이를테면 초기의 그리스도 교도나 종교 개혁자들의 경우에 존스 박사와 의견을 같이하는 사람들도 이러한 공헌이야말로 인류에게 베풀어진 가장 고귀한 선물이었다고 믿었다.

그러나 이 이론에 의하면 훌륭한 은혜를 베푼 사람들은 순교로 보답을 받으며, 그들은 보수로써 죄인들 중 가장 중죄인으로 다루어지기 때문에 이는 인류가 삼베옷을 입고 재를 덮어쓰고 통곡이라도 하지 않으면 안 될 정도로 슬퍼해야 할 잘못도 불행도 아니며, 항상 어디서나 찾아볼 수 있는 정상적인 상태인 것이다.

이 이론대로라면 로크리스[16]에서 새로운 법률의 제창자는 목에

밧줄을 걸고 나와 일반 국민이 그 법안의 설명을 듣고 즉석에서 그 제안을 채택하지 않으면 그는 즉석에서 교살 당하리라. 은인들을 이와 같이 다루는 것을 변호하는 사람들은 그 은혜의 충분한 가치를 인정하고 있다고는 생각되지 않는다. 이러한 문제에 관한 이와 같은 견해는 새로운 진리는 종전에는 바람직한 것이었을지 모르지만 현재에 이르러서는 더 이상 별 필요가 없다고 생각하는 사람들이 주로 품는 것이라고 나는 믿고 있다.

그러나 '진리는 박해를 물리치고 승리를 거둔다' 는 격언은 많은 사람들의 입을 통해서 자주 회자되는 거짓말 중 하나이다. 모든 경험들은 그것이 잘못임을 분명히 지적해 주고 있다.

인류의 역사는 진리가 박해에 의해서 억압된 실례로 꽉 차 있다. 영원히 억압되지는 않는다 할지라도 진리는 여러 세기에 걸쳐서 저지 당한 채로 파묻혀 버릴 수도 있다. 종교적인 의견에 대해서만 말해 본다면 종교개혁은 루터 이전에도 적어도 20번은 일어났으나 그때마다 진압되고 말았다.

이를테면 브레스키아의 아놀드가 진압되었고, 프라 돌키노도 진압되었다. 사보나롤라도 진압되었으며 알비 교도도 진압되었다. 발도파도 롤러파도 진압되었으며, 후스 교도[17]도 진압되었다. 심

---

16 | 고대 그리스 중부의 지명.

지어 루터 시대 이후에 있어서도 집요하게 박해가 행해진 곳에서는 어디에서나 그러한 진압이 성공을 거두었다.

이리하여 스페인, 이탈리아, 폴란드, 오스트리아 제국에서 신교는 근절되고 말았다. 영국도 메리 여왕이 오래 살았거나 엘리자베스 여왕이 일찍 죽었다면 아마 그와 비슷한 사태가 벌어졌을지도 모른다.

박해는 이교도 집단의 힘이 너무 강대해 좀처럼 효과를 발휘할 수 없는 경우를 제외하고는 언제나 성공을 거두어 왔다. 적어도 사리를 판단할 수 있는 사람이라면, 그리스도교가 로마 제국에서 하마터면 근절될 뻔했다는 것을 의심하지 않을 것이다. 그리스도교가 널리 전파되어 우세하게 된 것은 그리스도교에 대한 박해가 종종 있었지만 불과 짧은 기간밖에 계속되지 않았고, 그 중간에는 거의 방해를 받지 않은 오랜 전도기간이 있었기 때문이다.

진리에는 그것이 진리라는 것만으로 감옥이나 화형에도 능히 이겨낼 수 있는 고유한 힘이 있다고 보는 것은 한 가닥의 헛된 감상주의에 지나지 않는다. 사람들은 흔히 오류에 대해 열의를 가지고 지지하는 이상으로 진리에 대해 열렬히 지지하는 것은 아니다. 따

---

17 ┃ 보헤미아의 저명한 종교개혁가인 후스 일당을 말함.

라서 법적인 형벌이나 사회적 형벌로도 이것을 충분히 활용만 한다면, 일반적으로 진리의 전파와 오류의 전파를 모두 저지시킬 수 있다.

진리가 가지는 참된 강점은 다음과 같은 것에 있다. 진리가 박해를 받아 한 번이나 두 번 또는 몇 차례 소멸될 지도 모른다. 그러나 오랜 세월이 흐르는 동안 그 진리를 재발견하는 사람들이 나타나게 될 것이다. 마침내 다시 나타나게 된 진리 중 하나가 운 좋게도 좋은 시기를 만나서 박해를 모면하는 기회를 갖게 되고, 그것을 억압하려는 그 이후의 모든 탄압에도 능히 저항해서 이겨낼 수 있을 정도로 강력하게 될 것이다.

이제는 새로운 의견을 제창했다고 해서 그를 사형에 처하는 일은 하지 않는다. 우리는 예언자들을 살해해 버렸던 선조들과는 달리 예언자들에게 무덤까지 만들어 준다고 말하는 사람이 있을지도 모른다. 하기야 지금에 와서는 이교도를 사형에 처하지 않는다는 것은 사실이다. 현대인의 감정이 허용할 정도의 형벌은 비록 그것이 가장 추악한 의견에 대한 것이라 할지라도, 그것을 근절 시켜 버리기에 충분하지 않다.

그러나 우리는 법적으로 박해를 가하는 오점조차도 깨끗이 씻어 버렸다고 자부하지 않도록 하자. 의견에 대한 형벌이나 적어도 의견의 발표에 대한 형벌은 법률상으로 여전히 존재한다. 오늘날에 와서도 그와 같은 형벌의 적용은 반드시 예외적이지 않다. 그래서 그와 같은 형벌이 언젠가는 완전히 위력을 발휘하여 부활하게 될지도 모른다는 사실도 전혀 근거 없는 믿음은 아니다.

1857년에 콘월 주의 하계순회재판은 일상생활에서 조금도 나무랄 데 없는 한 불운한 사람이 그리스도교에 관하여 약간 불손한 말을 하고, 문에 무례한 낙서를 했다는 죄목으로 21개월의 금고형을 선고했다.[18] 그 일이 있은 후 한 달도 못 되어서 올드 베일리 형사재판소에서는 두 사람이 각각 다른 이유로 배심원이 되는 것을 거절당했다.[19]

그들 중 한 사람은 판사와 변호사들 가운데 한 사람에게서 모욕을 당했다. 왜냐하면 그들이 자신들은 신학적인 신앙을 갖고 있지 않노라고 정직하게 고백했기 때문이었다. 같은 이유로 한 외국인[20]이 도난에 대한 고소를 거절당했다. 이와 같이 법적 구제를 받으려는 고소가 거절된 것은 신 — 어떠한 신이든 관계없이 — 과 내

---

18 토머스 풀리가 1857년 7월 31일에 보드민 순회재판소에서 그런 일을 당했다. 그러나 그 해 12월에 국왕으로부터 특사를 받았다.
19 이들은 조지 쟈콥 홀리오크와 에드워드 트둘러븐이다. 조지 쟈콥 홀리오크는 1857년 8월 17일, 에드워드 트둘러븐은 1857년 7월에 그 일을 당했다.
20 1857년 8월 4일에 몰러버의 경찰재판소에서 그런 일을 당한 드골 라이헨을 말한다.

세에 대한 신앙을 고백하지 않은 사람은 법정에서 증언하는 것이 허용되지 않는다는 법률의 학설을 기초하여 행해진 것이었다.

이러한 사실은 이와 같은 사람들은 재판의 보호로부터 제외된 공권상실자라고 선언하는 것과 같다. 그들이나 그들과 같은 의견을 가지고 있는 사람들 이외의 사람이 그 현장에 있지 않다면, 그들이 강탈을 당하거나 습격을 당해도 범인은 처벌되지 않을 수도 있을 것이다. 그뿐만 아니라 사실의 증명이 전적으로 그들이 제출하는 증거에만 의존하는 경우에는 누군가 다른 사람이 강탈을 당하거나 습격을 당해도 범인은 아무런 벌도 받지 않을 것이다.

이와 같은 벌과 관련한 법의 근거가 되는 가정은 내세를 믿지 않는 사람의 선서는 아무런 가치도 없다는 것이다. 그러한 명제는 그것에 동의하는 사람들이 역사에 대해서 얼마나 무지한가를 보여 주는 것이다(왜냐하면 모든 시대의 불신앙자의 대부분이 뛰어나게 성실성과 명예를 중히 여긴 인물이었다는 것은 역사적으로 분명하기 때문이다.).

그러한 명제는 다음과 같은 사실을 조금이라도 이해하고 있는 사람들에 의해서, 다시 말하면 덕과 학식에 있어서 세상에서 가장 평판이 높은 사람들 중에서 얼마나 많은 사람들 — 적어도 그들과 친한 사이의 사람들에게는 — 이 불신앙자로서 잘 알려져 있었는가 하는 사실을 조금이라도 이해하고 있는 사람들에 의해서 지지되지 않을 것임에 틀림없다. 게다가 이러한 규칙은 자살처럼 스스로의 기반을 무너뜨리는 것이다.

무신론자는 거짓말쟁이임에 틀림이 없다는 구실을 내세우면서도 이러한 규칙은 자진해서 거짓말을 하려 드는 무신론자의 증언은 인정한다. 이와 반대로 허위를 긍정하기보다는 오히려 세상에서 미움을 받고 있는 신조를 공공연히 고백한다는 악평을 용감히 받아들이는 무신론자의 증언만은 이를 거부하고 있다.

공언하고 있는 목적에 관한 한 이와 같이 자기의 합리성을 스스로 인정하고 있는 이 규칙은 증오의 표시로서만, 또는 박해를 가했다는 기념물로서만 줄곧 존속될 수 있을 뿐이다. 그런데 이러한 박해는 일종의 기이한 특징을 가지고 있다. 그것은 박해를 받을 만한 죄가 없다는 것이 분명히 증명된다는 사실이야말로 박해를 받을 자격이 된다는 것이다.

이러한 규칙과 그것에 내포되어 있는 이론은 신앙이 없는 사람에 대해서와 거의 같은 신앙을 가지고 있는 사람에 대해서도 모욕적인 것이다. 왜냐하면 내세를 믿지 않는 사람이 반드시 거짓말을 하기 마련이라면, 내세를 믿는 사람들이 거짓말을 하지 않는다 하더라도 그것은 지옥으로 가는 것을 두려워하는 데서 거짓말을 하는 것이 저지되고 있을 뿐이라고 당연히 귀결되기 때문이다.

우리는 이러한 규칙의 제정자와 옹호자들에 대해서 그들이 그리스도교의 덕에 관해서 마음속에 품고 있는 개념이 그들 자신의 의식으로부터 이끌어낸 것이라고 생각하기 때문에 그들에게 모욕을 줄 생각은 없다. 사실 이와 같은 실례는 박해의 한 부분이며 잔재에 지나지 않는다. 이 실례는 박해를 가하려는 의사의 표현이라기보다는 영국인에게서 자주 보여지는 정신적인 나약함 가운데 하나로 생각될 수 있을 것이다.

영국인은 잘못된 원칙을 실행에 옮길 만큼 악하지도 않다. 그러나 영국인은 일부러 그러한 원칙을 주장하는 것에서 터무니없는 기쁨과 즐거움을 느낀다. 그런데 가장 악랄한 형태의 법적 박해는 약 한 세대 동안이나 정지되어 오고 있다. 그러나 불행히도 현재의 민심 상태로 보아 이것이 앞으로도 계속 정지되어 가리라는 보장은 없다. 현대에 일상 생활의 조용한 표면에는 새로운 이익을 받아들이려고 하는 것에 의해서나 과거의 해악을 다시 부활시키려는 것에 의해서 풍파가 일게 된다.

오늘날 종교의 부활이라고 자랑스럽게 떠들어대는 것은 편협하고 교양이 없는 사람들에게는 언제나 같은 정도의 완고한 신앙의

부활이 되고 있다. 따라서 일반 대중의 감정 속에 영구적으로 이
단자를 부인하려는 불관용의 효소가 내재해 있는 경우 — 불행히
도 이와 같은 효소는 우리나라의 중산계급 속에 언제나 깃들어 있
는 것이지만 — 에는 약간의 자극만 주어도 사람들은 당연히 박해
를 받아야 할 대상으로 늘 생각해 오던 자들을 적극적으로 박해하
려고 든다.

그들이 중대하다고 생각하는 신념을 부인하는 사람들에 대해서
그들이 품는 의견이 그와 같은 것이다. 그들이 마음속으로 느끼는
감정이 그와 같은 것이라는 것은 우리나라가 정신적으로 자유로운
땅이 되지 못하는 이유가 된다.[21]

과거 오랫동안 법적 형벌이 사람들에게 부여한 가장 큰 피해는
그것이 사회적 불명예를 가중시키는 것이었다. 이것은 효과적이
다. 그것 때문에 영국에서는 사회가 금지하고 있는 의견을 공언하
는 것은 다른 많은 나라에서 법적 형벌을 받을 위험이 있는 의견을
주장하는 경우보다도 훨씬 더 드물게 되어 있다.

재정상태가 양호하여 다른 사람들의 호의에 전혀 의존할 필요가
없는 사람들의 경우를 제외한다면 여론은 이와 같은 문제에 관해
서 법률과 같은 유효성을 갖고 있다. 왜냐하면 빵을 얻는 수단을
빼앗긴다는 것은 투옥되는 것과 같을 것이기 때문이다. 빵이 이미

확보되어 있으므로 여러 단체들이나 일반 대중으로부터 혜택을 바라지 않아도 되는 사람들은 아무런 두려움 없이 어떠한 의견이라도 솔직하게 발표할 수 있다.

　남에게 악한 감정을 사던가 악한 평을 듣던가 하는 일은 있을지 모르지만, 그 이외에는 하나도 두려워할 것이 없으며 사실 그런 정도의 악한 감정이나 악평을 참는 데는 각별히 영웅적인 성격이 필

21　세포이의 반란(Sepoy insurrection), 즉 인도의 토민병의 반란(1857~1858) 때 일종의 박해자적 감정이 맹렬하게 발동되고, 이것과 뒤섞여 우리 영국 국민성 중 최악의 면이 일반에게 드러나게 되었는데 이 사실로부터 경계해야 할 많은 교훈을 이끌어낼 수가 있다. 광신자들이나 허풍선이들이 설교대에서 미친 듯이 떠들어대는 소리라면 별로 문제될 것이 없을지도 모른다. 그러나 복음교회의 간부들은 힌두 교도들과 마호멧 교도들을 통치하는 원칙으로서 '성서를 가르치지 않는 학교는 어느 학교든지 결코 공금으로 경영되어서는 안 되며, 또한 그 필연적인 결과로서 참된 그리스도 교도나 또는 자칭 그리스도 교도 이외에는 누구에게도 공직을 부여해서는 안 된다.'고 공언했던 것이다. 한 국무차관은 1857년 11월 12일, 그의 선거구민에 대한 연설에서 다음과 같이 연설했다고 신문에 보도되어 있다.

"그들의 신앙(1억의 영국 연방 신민의 신앙)의 자유, 그들이 종교라고 부르는 미신을 영국 정부가 관용했기 때문에 대영제국의 명성을 만방에 떨치는 일이 저지되고 그리스도교의 건전한 발전도 저해되게 되었다. …… 관용은 우리나라의 종교적 자유의 중요한 초석이었다. 그렇지만 그들로 하여금 관용이라는 이 귀중한 말을 남용케 해서는 안 된다. 내가 이해하는 바에 따르면 관용이라는 것은 동일한 기반 위에서 예배를 드리는 그리스도 교도들 사이에서 뭇사람들에 대해서 부여되는 완전한 자유, 예배의 자유를 의미하는 것이다. 즉 그것은 유일한 매개자(그리스도)를 믿는 그리스도 교도에 대해 온갖 분파나 종파의 관용을 의미하는 것이다."

나는 다음과 같은 사실에 주의를 환기시키고 싶다. 즉 자유당 내각 아래에서 우리나라 정부의 요직에 능히 취임할 만한 적합한 인물로 간주되었던 한 사람이 '그리스도교의 신의 성격을 믿지 않는 사람들은 모두 신앙의 자유의 보호를 받을 자격이 없다.'고 주장한 사실에 대해서이다. 어떤 사람이 이와 같은 어리석은 언동을 본 후 종교적 박해는 이미 지나갔기 때문에 두 번 다시 돌아오지 않을 것이라는 망상에 사로잡힐 것인가?

요하지도 않다. 그와 같은 사람들을 위해서는 자비심에 호소할 여지가 없다.[22]

오늘날에 와서 우리는 서로 다른 의견을 가지고 있는 사람들에 대해서 하나의 습관처럼 행해졌던 커다란 위해를 가하지 않는다. 그러나 다른 사람도 아닌 바로 그들을 그렇게 대함으로써 우리 자신은 종래와 같은 해를 입고 있는지도 모른다.

소크라테스는 사형에 처해졌지만 소크라테스의 철학은 하늘에 있는 태양처럼 솟아올라 그 찬란한 빛을 온 세상에 환히 비추어 주었다. 그리스도 교도들은 사자의 밥이 되었지만 그리스도 교회는 자라서 웅장하고 무성한 큰 나무가 되어, 연륜이 오래되어 활기가 없어진 수목 위에 우뚝 솟아나 그것들을 자신의 그늘 밑에서 말라 죽게 했다.

영국 사람들이 보여주고 있는 단순한 사회적 불관용은 누구를 죽이는 일도 없고 의견을 근절시키는 일도 없지만, 사람들로 하여금 의견을 위장케 하고 그것을 널리 선전하기 위한 적극적인 노력을 금한다. 우리에게 이단적인 의견은 10년마다 또는 1세대마다 눈에 띄게 우세해 지는 일도 없고, 열세에 놓이지도 않는다.

---

22 | 동정의 호소를 말함.

그러한 의견이 광활하게 활활 타오르는 일은 결코 없다. 그러한 의견은 그것을 처음으로 생각해 낸 사색적이고 연구심이 강한 사람들의 좁은 범위 안에서 모깃불처럼 힘없이 연기를 낼 뿐, 진실의 빛이든 허위의 빛이든 인류의 일반적인 문제를 비추어 주는 일은 없다. 이리하여 어떤 사람들에게는 매우 만족스러운 사태가 줄곧 유지된다.

왜냐하면 이와 같은 사태에서는 누구를 벌금형에 처하든지 또는 투옥시키든지 하는 조치를 취하지 않고 모든 우세한 의견들이 표면상 아무런 저지도 당하지 않고 편안히 유지되고 있지만, 다른 한편에서는 사상으로 고민하는 이단자들의 이성적 행사가 전적으로 금지되어 있지는 않다. 확실히 이것은 지적 세계의 평화를 유지하고, 그 속에서 모든 사정들을 이제까지와 마찬가지로 존속시켜 가기 위해서는 매우 편리한 방법이다.

그러나 이런 종류의 지적 평화를 위하여 지불되는 대가는 인간 정신의 도덕적 용기의 전부를 희생시키는 것이다. 가장 활동적이며 탐구심이 강한 지식인들의 대부분이 자기 자신이 확신하는 일반적 원리나 근거는 가슴속에 깊이 간직한 채, 일반 대중에게 무엇인가 이야기를 할 경우가 있다.

이 때에는 내심으로 부인하고 있는 전제에 자기의 결론을 되도록 많이 순응케 하는 것이 상책이라 생각하기 때문에 일찍이 사상계를 화려하게 수놓았던 솔직하고 아무 것도 두려워하지 않는 성격이나 논리적으로 일관된 지성을 갖춘 사람들의 출현은 도저히 불가능한 것이다.

이와 같은 사회상태에서 기대할 수 있는 사람은 누구의 비위도 거슬리지 않으려는 평범한 생각에 영합하려는 자이거나 모든 중요한 문제들에 대해서 아무런 확신도 없이 다만 청중을 염두에 두고 논의를 하는 기회주의적인 태도로 진리를 주장하려는 사람이다. 이와 같이 되는 것을 원치 않는 사람들은 그들의 사고와 관심을 원리 원칙의 영역에 들어서지 않고서도 충분히 이야기할 수 있는 사항에 한정시킴으로써 목적을 달성한다.

그 실제적 문제라는 것은 인류의 정신만 강해지고 확대되어 간다면 자연히 올바르게 해결될 것이나, 그렇게 되기 전에는 결코 유효하게 해결되지 못할 것이다. 한편 사람들의 정신을 강화하고 확대시키는 최고의 가치가 있는 문제에 관한 자유롭고 대담한 사색은 포기된다.

이단자 편에서 이와 같은 침묵이 조금도 해롭다고 생각하지 않는 사람들은 첫째, 이와 같은 침묵의 결과로 이단적인 의견에 관한 공평하고도 철저한 토론은 결코 행해지지 않게 된다는 것을 생각해야 한다. 그러한 이단적인 의견들 중 이와 같은 토론에 견딜 수 없는 것은 전파는 저지될지언정 소멸되지 않는다는 것을 그들은 생각해야 할 것이다.

그러나 정통적인 결론에 귀착하지 않는 모든 이치에 대한 탐구를 금지시킴으로써 가장 손해를 입는 것은 이단자들의 정신이 아니라, 이단을 두려워한 나머지 정신적 발전이 전면적으로 위축되고 이성이 겁에 질려있는 사람들이다.

앞으로 유망한 지성과 소심한 성격을 아울러 갖추고 있는 많은 사람들 때문에 이 세계가 얼마나 많은 손해를 입을 것인지 누가 측정할 수 있을까? 그들은 반종교적 또는 반도덕적인 것으로 생각될지도 모르는 결론에 도달하는 것을 두려워하는 나머지 대담하고 생기에 차고 독자적인 일련의 사상을 감히 철저하게 추구하려 하지 않는다.

그들 중에서도 가끔은 마음속 깊이 강직한 양심과 날카롭고도 세련된 지성을 간직한 자들이 눈에 띄기도 한다. 이런 사람들은 억누를 수 없는 지성을 궤변으로 기만하면서 인생을 보낸다. 그들은 자신의 양심과 이성이 명하는 것을 정통파의 의견에 부합시키려고 풍부한 창의력을 소모하지만 그러한 시도는 아마 끝까지 성공을 거두지는 못할 것이다.

자기의 지성이 어떠한 결론에 도달하건 간에 그것을 끝까지 추구해 나가는 것이 사상가로서의 첫째가는 의무라는 것을 깨닫지 못한 사람은 결코 위대한 사상가가 될 수 없다. 자기 스스로 사색하지 않고 다른 사람의 주장에만 맹종하는 데 불과한 사람들의 진실된 주장보다는 적절한 연구와 준비를 다하여 스스로 사색할 줄 아는 사람들의 잘못이 진리에 더 많은 공헌을 한다.

생각의 자유는 위대한 사상가를 만들어내기 위한 것만은 아니다. 그보다는 보통의 인간들로 하여금 그들의 힘이 도달할 수 있는 한의 정신적 발달을 이룩하게 하기 위해서이며 이것이야말로 훨씬 더 불가결한 것이다.

지적 노예상태라고 할 수 있는 일반적인 분위기 속에서도 개인으로서 위대한 사상가가 나타나고 있고, 앞으로 그런 사람이 나타날지도 모른다. 그러나 일찍이 이와 같은 분위기 속에서 지적으로 활발한 국민이 존재한 일이 없었으며, 앞으로도 결코 존재하지 않을 것이다. 지적으로 활발한 성격에 일시적이나마 근접한 국민이 있었다고 하면, 그것은 이단적 사색을 두려워하는 경향이 일시적으로 정지되었기 때문이었다.

본래 원리 원칙은 논쟁의 성질이 아니라는 통념이 암암리에 존재하고 있는 곳에서나, 인류의 관심을 전적으로 끌 만한 중대한 문

제에 관한 논의는 이미 종결되었다고 생각되어지는 곳에서는 역사
상 몇몇 시기를 확실히 빛낸 높은 수준의 정신활동을 좀처럼 찾아
볼 수 없을 것이다.

사람들의 열정을 불태우게 할 수 있을 정도의 중요성을 가진 문
제에 관한 논쟁이 회피되는 경우에는 사람들의 정신이 그 밑바닥
에서부터 힘을 북돋우는 예가 없었다. 가장 평범한 지성의 소유자
에게도 사고하는 존재의 위엄을 느끼게 할 정도로 부추기는 충동
이 주어진 예도 결코 없었다.

그와 같은 실례들 중에서 우리는 종교개혁 직후 시대의 상태에
서 이미 한 실례를 보았다. 유럽 대륙과 비교적 교양이 있는 계급
으로 한정하더라도 또 하나의 실례는 18세기 후반의 사상운동에
서 찾을 수 있다. 또 다른 실례는 보다 더 짧은 기간의 것이었지만
괴테와 피히테의 시대[23]에 독일의 풍성한 지적 활동에서 찾을 수
있다.

이러한 시대는 제각각 발전시킨 의견에 있어서 크게 차이가 있
었지만, 어느 경우에 있어서도 권위의 속박이 타파되어 있었다는
점에서 유사성이 있다. 그 시대에는 낡은 정신적 전제, 다시 말하

---

23 │ 괴테와 피히테의 시대는 18세기 후반과 19세기 초 낭만주의와 철학의 관념론을 나타
내는 어색한 표현이다.

면 지적 전제주의는 파기되어 버렸다. 그것에 대신하는 새로운 정
신적 압제는 아직 생겨나지 않았다.

이 시대에 부여된 충동은 유럽을 오늘날의 유럽으로 만든 요인
이 되었다. 그 후 인간의 정신적인 면에서나 여러 제도의 면에서
보여진 개선은 모두가 분명히 이들 세 시대 중의 어느 것에서 연유
된 것이라 하겠다. 그런데 지난 얼마 동안의 세상 분위기로 미루어
보면, 이러한 세 시대의 충동은 모두 그 힘을 거의 소모해 버린 것
같다. 따라서 또 다시 우리의 정신적 자유를 주장할 때까지는 어떠
한 새로운 출발도 좀처럼 기대할 수 없을 것이다.

이제 우리의 논의를 제2 부분으로 옮겨보자.

일반 사람들에게 받아들여지는 의견이 잘못되었을지도 모른다
는 가정을 버리고 그러한 의견이 진실되다고 가정해 보자. 의견의
진실성이 자유롭게 또는 공공연하게 논의되지 않는 상황에서 그
의견을 신봉하는 사람들에게서 흔히 보여지는 태도의 가치를 음미
해 보자.

좀처럼 움직일 줄 모르는 확고한 의견을 지닌 사람은 자신의 의
견이 잘못되었을 수도 있다는 가능성을 인정하기 꺼리는 법이지
만, 다음과 같은 사실을 생각해 보면 당연히 마음이 동요될 것이
다. 그의 의견이 아무리 진실된 것이라 할지라도 그것이 충분히 자

주, 그리고 아무런 두려움 없이 토론되지 않는다면 그것은 살아있는 진리가 아니라 죽은 독단으로서 신봉될 것이라는 사실이 그것이다.

옳다고 생각되는 의견에 대해서 아무런 의심 없이 동의하는 사람이 있다면, 그가 그 의견의 근거에 관해서 전혀 알지 못하고 그의견에 대한 가장 피상적인 반대론에 대해서조차 조리 있는 변호를 할 수 없다 하더라도 그것만으로 충분하다고 생각하는 사람들이(다행히 과거처럼 그렇게 많지는 않지만) 있다. 당연히 이러한 사람들은 그들의 신조를 권위 있는 사람으로부터 배우게 되면 그 신조에 대해 논의하는 것을 허용하는 것은 해가 되지 결코 이익이 될수 없다고 생각한다.

이와 같은 사람들의 세력이 지배적인 곳에서는 일반 사람들에게 받아들여지는 의견이 현명하고도 신중한 방법으로 거부되는 것이거의 불가능하다. 그럼에도 불구하고 그러한 의견이 경솔하게 무지에 의해서 거부되는 일도 여전히 있을 수 있다. 왜냐하면 토론을 완전히 막는다는 것은 거의 불가능할 뿐만 아니라 토론이 시작되면, 확신에 기인되지 않은 신념은 진지한 논의라고 할 수 없는 피상적인 논의에도 쉽사리 굴복하는 경향이 있기 때문이다.

그러나 이와 같은 가능성이 없다고 해도 — 인간의 마음속에 진실된 의견이 깃들어 있지만 그것은 하나의 편견으로서, 다시 말하면 논증과 무관한 논증의 여지가 없는 신념으로써 깃들어 있는 것이라고 가정을 한다면 — 이것은 이성을 지닌 존재에 의한 올바른 진리 신봉의 태도는 아니다. 이것은 진리를 아는 것이 아니다. 이런 모양으로 신봉된 진리라는 것은 우연히 어떤 진리를 표명하는 말에 부착되어 있는 미신을 또 하나 늘린 것에 지나지 않는다.

적어도 신교도가 좀처럼 부정하지 않을 인류의 지성과 판단력이 육성되어야 한다면 어떤 사람의 경우에 있어서도 자신에게 중대한 관계가 있는 사상에 대해 스스로의 의견을 가져야 한다는 사항에 대해서 능력을 행사하는 것 이상으로 적절한 것이 또 있을까? 이해력의 육성이 의거하는 것은 다른 어떠한 것들보다도 자기 자신의 의견의 근거를 명확히 아는 것이다.

사람들은 무엇을 믿건 간에 올바르게 믿는 것이 무엇보다 중요하다는 문제에 관해서 적어도 반대 의견에 대해 자신을 변호할 수 있어야 한다.

'그들의 의견의 근거가 무엇인지를 그들이 배우게 하라. 어떤 의견이 단 한 번도 반박된 적이 없었다고 해서, 그 의견이 똑같이 되풀이될 것이 틀림없다고 말할 수는 없다. 기하학을 배우는 사람들은 공식을 암기할 뿐만 아니라 그것의 증명도 이해하며 습득한다. 그러므로 기하학의 진리가 누군가에 의해서 부정되든지 반증이 시도되었다고 한 번도 들어 보지 못했다고 해서 그들이 그 진리의 근거를 알지 못하고 있다고 말하는 것은 어리석은 일이라 할 것이다.' 라고 어떤 사람은 말한다.

확실히 그렇다. 수학은 잘못된 편에는 전혀 변명의 여지가 없으므로 이와 같은 가르침은 충분하다. 수학적 진리를 증명하는 것의 특징은 모든 논증들이 한 쪽 편에만 있다는 것이다. 반대론도 없으며 그에 대한 답변도 없다. 그러나 의견의 차이가 생길 가능성이 있는 모든 문제에서 진리는 서로 내 편이 옳다고 싸우는 두 의견의 논거들을 비교 대조해 보는 데서 결정되어진다.

특히 물리학과 같은 이론적 자연과학에 있어서도 동일한 사실에 관해서 다른 설명이 언제나 가능하다. 이를테면 태양 중심설에 대해서는 지구 중심설이 있으며, 산소설에 대해서는 연소설이 있는 것과 같다. 따라서 반대론이 어찌하여 올바른 이론이 될 수 없는가가 분명하지 않으면 안 된다. 이러한 사실이 분명하지 않는 한 그리고 이러한 사실이 어떻게 해서 분명하게 될 수 있는가를 이해하지 못하는 한 우리는 우리 자신의 의견의 근거를 이해하지 못한다.

그러나 한없이 복잡한 문제들 다시 말하면 도덕, 종교, 정치, 사회관계 그리고 일상 생활의 문제에서 논쟁의 대상이 되고 있는 의견을 지지하는 논의의 3/4정도가 그것과는 전혀 다른 의견에 유리해 보이는 여러 가지 이유를 배제하고 있다. 한 사람만을 제외하고는 고대에 위대했던 웅변가는 자기의 주장을 연구하는 것보다 훨씬 더 열정적이라고까지는 않더라도 항상 그것과 같은 정도의 열정을 가지고 반대의 주장을 연구했다고 기록에 남겨져 있다.

따라서 적어도 진리에 도달하기 위해 어떠한 문제를 연구하는 사람이라면 모름지기 키케로가 변론을 성공으로 이끌기 위해 사용했던 방법을 본받아야 할 것이다. 어떤 문제에 관해서 자기 자신만의 주장을 하는 데 지나지 않는 사람은 실제로 그 문제 전반에 관해서는 거의 아무 것도 모르고 있는 것이다. 그의 논거가 정당할 수도 있고 아무도 그것을 논박할 수 없을지도 모른다.

그러나 그가 반대편의 이유를 논박할 수 없다면, 그리고 반대편의 이유가 무엇인지를 알지도 못하면 그는 어느 편의 의견도 선택할 수 있는 근거를 갖지 못한다. 그가 취할 합리적인 태도는 판단하는 것을 중지하는 일일 것이다. 그가 그렇게 하는 데 만족을 느끼지 못한다면 권력자가 지도하는 대로 따라가든지, 세상 일반 사람들과 같이 자기가 가장 좋다고 느끼는 편을 택하든지 할 것이다.

논적의 의견은 자기의 스승을 통해서 스승이 설명하는 대로 듣고, 스승의 반론을 듣는 것으로는 충분하지 않다. 그것은 반대자의 논의를 공평하게 다루는 방법이 아니며, 자기 자신의 마음에 참으로 접촉케 하는 방법도 아니다. 그는 반론을 실제로 믿고 있는 사람들로부터, 다시 말하면 그것을 진지한 태도로 받아들이고 그것을 위해서 최선을 다하는 사람들로부터 그러한 논의를 직접 들을 수 있어야만 한다. 그러한 반대론을 가장 그럴듯하고 설득력 있는 논리에 입각해서 파악하지 않으면 안 된다.

그러한 문제에 관한 진실된 의견이 직면하게 되어 처리하지 않으면 안 되는 온갖 곤란을 감지하지 않으면 안 된다. 그러지 않으면 그는 진리 속에 이와 같은 곤란에 대처해서 그것을 제거할 수 있는 부분을 자신의 것으로 결코 소유하지 못할 것이다.

소위 교육받은 사람 1백 명 중 99명은 이와 같은 상태에 있다. 자기의 생각을 거침없이 변호할 수 있는 사람들도 그러하다. 그들의 결론은 올바를지도 모르지만 어쩌면 잘못되었을 수도 있다. 그들은 자기와 생각을 달리하는 사람들의 입장에서 그들이 주장하고자 하는 바가 무엇인지 곰곰이 생각해 본 일이 없다.

따라서 그들은 자신이 공언하고 있는 학설을 참된 의미에서 아는 것이 아니다. 그들은 자신들의 학설 중에서 나머지 부분을 설명하고 정당화시키는 부분을 모른다. 다시 말하면 서로 모순되는 것처럼 보이는 두 가지 사실이 실제로는 서로 조화되고 있다는 것을 명시한다든가, 유력하게 보이는 두 가지 이유 중에서 하나를 선택하지 않으면 안 되는 것을 명시하는 것을 그들은 알지 못한다.

진리 가운데서도 쌍방의 우열을 정하고 완전히 사정에 정통한 사람의 판단을 결정하는 부분에 관해서 그들은 아무 것도 모른다. 그러한 부분은 쌍방 어느 편에도 똑같이 공평하게 주의를 기울이며, 쌍방의 이유를 보다 더 분명하게 이해하려고 힘쓴 사람들 이외에는 일찍이 누구에게도 참되게 알려지지 않았다.

이와 같은 훈련은 도덕적 또는 인간적 문제를 진실로 이해하기 위해서는 필수적이다. 그러므로 중요한 진리에 대해서 반대자가 없을 때, 반대자를 상상으로 만들어서 그에게 가장 유력한 논증을 주어 이야기하게 하는 것이 필수 불가결하다.

이와 같이 고찰하는 사람들의 설득력을 약화시키기 위해서 자유로운 토론을 반대하는 사람들은 "일반 사람들은 자기네들의 의견에 대해서 철학자나 신학자들이 제시하게 될지도 모르는 모든 찬성이나 반대의 내용을 알고 이해할 필요는 없다. 보통 사람들에게는 교묘한 지혜를 가진 반대자의 잘못된 설명이나 그릇된 모든 의견들을 폭로할 수 있는 능력은 필요하지 않다.

그와 같은 잘못된 설명이나 그릇된 의견에 응수할 수 있는 것, 다시 말해 대신 대답해 줄 수 있는 누군가가 언제나 있어 교육받지 못한 사람들을 잘못 인도할 가능성이 있는 것을 남김없이 철저하게 반박해 준다면 그것으로 충분하다. 무식하고 단순한 사람들은 자기네들에게 제시된 진리의 명백한 근거를 알아듣도록 가르침을 받기만 한다면 다른 것들은 권위자에게 일임해도 좋을 것이다.

그들은 제기될 수 있는 모든 반론들을 해결할 수 있는 지식이나 재능이 자신에게는 없다는 것을 알고 있다. 따라서 지금까지 제기되어온 반론은 모두 그것을 위해서 특별히 훈련된 사람들에 의해서 이미 대답이 되었거나, 대답이 될 것이라는 확신을 가져도 좋을 것이다."라고 말할지도 모른다.

이와 같은 견해에 대해서 한 걸음 양보하여 진리를 믿는 데 따르는 이해로써 쉽사리 만족하는 사람들이 이와 같은 견해를 바꾸기 위해 제시하는 주장을 최대한 인정하기로 하자. 그렇다고 하여 자유토론을 찬성하는 논의가 조금도 약화되는 것은 아니다. 왜냐하면 위에서 기술한 학설도 인간은 모든 반대론에 대해서 만족할만한 해답이 부여되어 있다는 합리적인 확신을 가져야 한다는 것을 인정하고 있기 때문이다.

그렇다면 답변할 필요가 이야기되지 않는다면 어떻게 반대론에 대한 답변이 있을 수 있을까? 반대자들에게 그 답변이 만족스럽지 못하다는 것을 밝힐 수 있는 기회가 주어지지 않는다면 어떻게 그 답변이 만족스러운 것임을 알 수 있게 될까?

　일반 대중과는 달리 적어도 그러한 어려운 문제를 해결해야 할 철학자나 신학자들은 가장 풀기 어려운 형태인 이 문제를 잘 알고 있어야 한다. 그런데 그와 같은 반론이 자유롭게 진술되고, 그 반론에 가장 유리한 해명의 기회가 허용되지 않는다면 이 일은 달성될 수 없다. 카톨릭 교회는 이러한 난처한 문제를 처리하는 독자적인 방법을 가지고 있다.

　카톨릭 교회는 스스로의 확신에 따라서 교리를 받아들이는 것이 허용되는 사람들과 그 교리를 신뢰하고 무조건 그대로 받아들여야 하는 사람들을 뚜렷이 구별하고 있다. 이 양자는 무엇을 받아들여야 하는가에 대해서 어떠한 선택도 용납되지 않는다. 다만 적어도 충분히 신뢰할 만한 성직자는 반대자들의 논의에 답변할 수 있기 위해서 그러한 반대론의 내용을 아는 것이 공공연하게 허용될 뿐만 아니라 칭찬을 받을 만한 것으로 간주된다.

　따라서 성직자에게는 이단의 서적들을 읽는 것이 허용된다. 이것에 반하여 성직자가 아닌 세인들은 특별한 허가를 받지 않는 한 그렇게 할 수 없으며, 그러한 허가는 쉽사리 받을 수 없다. 이와 같은 규율은 반대자의 주장에 대한 지식이 남을 가르치고 지도하는 자리에 있는 교사들에게는 유익하다는 것을 인정하고 있다. 그러나 같은 취지에서 나머지 일반 사람들에 대해서는 반대자의 주장을 알리지 않도록 하고 있다.

이와 같이 엘리트에 대해서는 일반 대중에게 허용하는 것보다 더욱 많은 지적 자유는 아니라 해도 보다 더 많은 지적 교양을 부여하고 있다. 이러한 방책에 의해서 카톨릭 교회는 그 목적을 수행하기에 필요한 지적 우월성을 획득하는 데 성공을 거두고 있다. 왜냐하면 자유가 따르지 않는 교양이 활달하고 도량이 넓은 정신을 낳게 한 적은 없지만, 주의와 주장을 위한 영리한 순회재판[24]의 변호사적 인간을 낳을 수는 있기 때문이다.

그러나 신교를 믿는 국가에서는 이와 같은 방책이 거부되고 있다. 왜냐하면 신교도는 적어도 이론적으로 종교의 선택에 대해서 각자가 스스로 책임을 져야 하고 결코 남을 교도해야 할 자리에 있는 사람들에게 그것을 전가할 수 없다는 생각을 가지고 있기 때문이다. 더욱이 현재와 같은 세계의 상황으로 볼 때 교육을 받은 사람들이 읽는 서적을 교육을 받지 못한 사람들이 읽지 못하도록 한다는 것은 불가능하다.

---

24 | 판사와 배심원 앞에서 심리하는 민사행위.

인류의 교사들이 그들이 당연히 알고 있어야 할 모든 것들을 알고 있어야 한다면, 모든 것들은 아무런 제약 없이 자유롭게 집필되고 출판되지 않으면 안 된다.

그러나 일반에게 널리 받아들여지는 의견이 진실일 때 자유로운 토론을 허용하지 않는 데서 생기는 폐해가 사람들로 하여금 그러한 의견의 근거를 알지 못하도록 하는 것에 그칠 뿐이라면, 그것은 지적인 폐해일지는 몰라도 도덕적인 폐해는 아니며 인간의 성격에 미치는 영향이라는 점에서 볼 때 그것이 의견의 가치를 좌우하는 것은 아니라고 생각될지도 모른다. 그러나 실제로 토론이 행해지지 않으면 의견의 근거가 망각될 뿐만 아니라 의견의 의미 자체도 너무나 자주 망각된다.

의견을 전달하는 말은 아무런 사상도 시사하지 못하게 되거나, 본래 그 말이 전하려고 했던 사상의 극히 일부분만을 시사하는 것에 지나지 않게 된다. 여기에는 선명한 개념과 생명력 있는 신앙 대신 기계적으로 암기된 몇 개의 문구만이 남게 되며, 그 조차도 얼마간 남는다 하더라도 의미의 껍데기와 찌꺼기만이 남을 뿐이고 보다 더 훌륭한 본질은 상실되고 만다. 이러한 사실로 충만 되어 있는 인류 역사의 중대한 한 장은 아무리 열심히 연구되고 고찰된다 할지라도 지나치게 되는 일은 없다.

이러한 것은 거의 모든 윤리학설과 종교적 신조의 경험에서 예증되고 있다. 이와 같은 학설이나 교리, 신조의 의미와 활력은 그 창시자들과 그들의 직접적인 제자들에게는 충만하였다. 이러한 학설이나 신조를 다른 학설이나 신조보다 더욱 우세하게 만들기 위한 투쟁이 줄곧 지속되는 동안은 그것의 의미가 조금도 변하지 않고 시종일관 강하게 느껴질 것이며, 아마도 훨씬 더 충분히 의식되어질 것이다.

마침내 그것은 우세하게 되어 널리 일반의 여론으로 되든지 아니면 진전이 멈추어 이미 확보해 온 기반을 계속 보유하지만 그 이상으로 확장되지는 않는다. 이 둘 중 하나로 결과가 분명하게 정해지면 그 문제에 관한 논쟁은 활기를 잃어버리고 점차 소멸된다. 그러한 학설은 널리 일반에게 받아들여진 의견으로서의 기반은 갖지 못하더라도 적어도 일반에게 인정된 분파나 부분의 하나로서 기반을 차지하게 된다.

그 교리를 신봉하는 사람들의 대개는 그것을 계승한 것으로 스스로 그것을 선택하지 않았다. 이러한 교리들 가운데 하나로부터 다른 것으로 전향하는 것은 — 지금에 와서는 이미 예외적인 사실로 되고 있지만 — 이러한 교리를 신봉하는 사람들의 사상들에서 거의 아무런 자리를 차지하지 못한다. 그들은 애초부터 교리의 제창자와 제자들처럼 끊임없이 조심스럽게 세상 사람들에 대해서 자신의 교리를 방어하든지 세상 사람들을 자기편으로 개종시키려 하는 대신 전적으로 입을 다물고 반대론에 대해서도 가능한 귀를 기울이지 않으며, 자신의 신조에 유리한 옹호론으로 반대자를 괴롭히지도 않는다.

보통 이러한 시점으로부터 교리가 갖는 활력은 쇠퇴하기 시작하는 것으로 간주된다. 우리는 모든 신조의 교도들이 한결같이 개탄하는 것을 가끔 듣곤 한다. 신자들이 명목상으로 인정하는 진리에 대한 생생한 이해를 그들의 마음속에 줄곧 지속케 하여, 그것을 그들의 감정 속에 침투케 함으로써 그들의 행동을 실제로 지배케 하는 것은 곤란하다.

그 신조가 자신의 생존을 위해 힘들게 싸우고 있는 동안에는 개탄의 대상이 되지는 않는다. 이러한 시기에는 비교적 힘이 약한 투사들조차도 그들이 도대체 무엇을 위해 투쟁하는지 그 투쟁의 목적과 더불어 자기네 교리와 다른 교리 사이에 어떤 차이가 있는지 알게 되고 마음속으로 느끼게 된다.

모든 신조의 역사에서 그와 같은 시기에는 사람들이 그것의 기본적인 제원리를 온갖 사상의 형식으로 이해하고 있고, 그 원리가 내포하고 있는 모든 중요한 의미들을 서로 비교하고 측정하며, 그것에 대한 신앙이 그들의 마음속에 충분히 침투되어 성격까지도 영향을 받는 사람들이 적지 않게 나타난다. 그러나 그 신조가 대대로 전승 받는 일종의 계승 신앙이 되어 능동적이 아니라 피동적으로 받아들여지게 될 때 — 그 신조에 대한 신앙이 낳는 여러 가지 문제에 대해서 인간의 정신이 이미 최초의 시기에서처럼 생기에 찬 힘을 사용하지 않아도 무관하게 될 때 — 신앙의 모든 것들이 망각된 채 방식들만을 기억하고자 하는 경향이나, 신앙에 대해서 아무런 느낌도 없이 동의를 하려는 경향이 더욱 증가되어 신앙을 분명히 자각하던가 자신의 체험을 통해서 확인하지 않고 그것을 신뢰하고 무조건 받아들이게 되며, 마침내 신앙은 인간의 내면생활과는 거의 아무런 관계도 없게 된다.

이렇게 되면 그곳에는 현대의 대다수의 세계가 처한 상태로서 신조라는 것은 정신이 아닌 밖에 머물러 있어 우리 본성의 보다 더 고귀한 부분에 미치는 다른 모든 영향들을 받지 못하도록 정신이 두터운 껍질로 뒤덮여 돌처럼 굳어져 버린 사태까지 나타난다. 새롭고 활기에 찬 확신이 마음속에 스며들지 못하도록 함으로써 힘을 과시하고 있지만 신조 자체는 지력을 위해서도 심정을 위해서도 아무런 도움이 되지 못하며, 지력이나 심정을 공허하게 하기 위해 기회를 엿보는 것에 지나지 않는다.

본질적으로는 인간의 마음에 가장 깊은 감명을 줄 수 있는 교리가 상상력이나 감정이나 오성에 의해서 조금도 상실됨이 없음에도 불구하고 죽은 신앙으로서 마음속에 머물러 있는 것은 놀라울 정도다. 이러한 사실은 대다수의 그리스도 교리를 신봉하는 신앙자의 태도 속에 잘 나타나 있다.

여기서 그리스도교라 함은 모든 교회와 종파에 의해서 그리스도교라고 생각되어지는 것 — 신약성서 속에 포함되어 있는 잠언과 계명 — 을 의미한다. 이것들은 그리스도 교도로 자처하는 모든 사람들에 의해서 신성한 것으로 생각되며 율법으로 받아들여진다. 그러나 이 율법에 의거해서 자신의 개인적 행동을 지도하든지, 확인하는 그리스도 교도는 아마 천 명 중 한 명도 없다고 해도 과언이 아닐 것이다.

그리스도 교도가 행동의 기준으로 삼는 것은 국민이나 그가 속한 계급이나 또는 그와 종교를 같이 하는 종교단체의 습관이다. 이리하여 한편으로는 스스로를 규제할 규칙으로서 절대 오류를 범하지 않는 지식인으로부터 받았다고 믿는 한 묶음의 윤리적인 잠언을 지니게 되며, 다른 한편으로는 일상사에 관한 자신의 판단력과 관례를 지니게 된다.

후자는 전자 가운데 어떤 것과는 어느 정도 일치하지만 나머지들과는 반드시 일치하지 않으며 어떤 것과는 정반대 되기도 한다.

요컨대 전체적으로 보면 그리스도교의 신조와 세속적 생활의 이해나 암시 사이의 타협물에 지나지 않은 것이다. 그는 두 기준 가운데 전자에게도 경의를 표하지만 참으로 충성을 바치는 것은 후자에 대해서이다.

모든 그리스도 교도들은 마음이 가난한 자, 온유한 자, 그리고 박해를 받는 자는 복이 있으며, 부자가 하나님 나라에 들어가는 것보다는 낙타가 바늘귀를 통과하는 것이 더 쉽고, 자신이 심판 받지 않으려면 남을 심판하지 말며, 맹세하지 말고, 이웃을 사랑하기를 네 몸과 같이 하며, 누가 네 속옷을 가지려거든 겉옷까지도 주고, 내일 일을 걱정하지 말며, 네가 완전하게 되려거든 네 소유를 팔아 가난한 사람들에게 주라는 것을 믿는다.

그리스도 교도들이 이와 같은 잠언을 믿고 있다고 말할 때 그들은 결코 불성실한 것은 아니다. 그들은 실제로 그것을 믿는다. 그러나 그것은 언제나 칭찬만 들을 뿐 단 한 번도 논쟁된 적이 없는 것을 믿는 것과 마찬가지로 단순히 믿는 것에 지나지 않는다. 그러나 행위를 규제하는 살아있는 신앙이라는 의미에서, 그들은 대개 이것을 실행할 정도까지는 믿지 않는다.

이러한 교리는 본래의 완전한 형태대로라면 반론자를 공격하기 위해서는 도움이 될 수 있다. 이러한 교리는 무슨 일에든지 세상 사람들이 스스로 칭찬할 만한 것이라고 생각하는 일을 행하는 이유로 제시되어도 좋다고 생각되어진다. 그러나 이러한 잠언은 그들이 꿈에서도 실행해 보려고 생각조차 하지 못할 정도로 무한히 많은 것을 요구하고 있다는 사실을 상기시키는 사람이 있다면, 그는 다른 사람보다 더 잘난 체하는 매우 인기 없는 인물들 중 하나라는 딱지가 붙는 것이 고작일 것이다.

　이러한 가르침은 보통의 신자들에 대해서는 아무런 지배력도 갖지 못한다. 그 가르침은 그들의 정신 속에서 아무런 힘이 없으며, 단지 그러한 교리가 말해질 때 그 소리에 대해서 습관적으로 경의를 표할 뿐이다. 그러나 이러한 말로부터 그것이 의미하는 것으로 생각을 넓혀 정신으로 하여금 그것을 받아들이도록 하고, 자기를 그 격언에 일치시키려는 감정은 전혀 가지지 않는다.

　실제로 행할 때는 언제나 주위에 있는 A씨나 B씨를 돌아다보고 어느 정도로 그리스도의 가르침을 따라야 할 것인가의 지시를 받으려고 한다. 그런데 초기의 그리스도 교도들은 이렇지 않았으며 훨씬 달랐다고 확신해도 무방할 것이다. 만약 이와 같았다면 그리스도교는 멸시만 당했던 히브리 사람들의 이름도 없는 한 종파에서 로마 제국의 종교로까지 발전하지는 못했을 것이다.

그들의 적들이, "보라, 이들 그리스도 교도들이 얼마나 서로 사랑하고 있는가를!"하고 말했을 당시만 하더라도 그리스도 교도들은 확실히 그 이후의 어떤 시기보다 자신들이 믿고 있는 그리스도교의 신조의 의미를 훨씬 더 생생하게 느꼈던 것이다.

오늘날의 그리스도교가 세력의 확대라는 점에서 거의 아무런 진전도 없이 1800년이라는 기간이 경과된 후에도 여전히 유럽인과 그 자손들에게만 국한되어 있는 것은 아마도 주로 이와 같은 원인 때문일 것이다.

자기의 교리에 대해서 매우 진지하며 그것의 많은 부분에 대해서 일반 사람들보다 훨씬 더 커다란 의미를 인정하고 있는 엄격한 신자의 경우에 있어서 조차도 그들의 정신이 비교적 활기를 띠는 부분은 캘빈이나 녹스나 기타 그들과 성격이 아주 비슷한 사람에 의해서 형성되어진 것[25]이다. 그리스도의 가르침은 귀를 즐겁게 해 주는 부드러운 말을 들을 때 느끼는 쾌감 그 이상도 아니며, 그들의 정신 속에 수동적으로 공존하고 있다.

어떤 종파를 특징짓는 교리가 공인된 모든 종파에 공통된 교리보다 훨씬 더 생생한 활력을 보유하는 이유는 무엇일까? 교도자들

---

25 │ 캘빈에 대한 밀의 견해.

이 그러한 교리의 의미를 생명력이 있는 것으로 줄곧 살려가기 위해서 보다 더 많은 노력을 경주하는 것은 무슨 까닭일까?

그것에는 많은 이유가 있지만 그 중 확실한 것은 특수한 교리일수록 공박을 받는 일이 더 많고, 공공연하게 반박하는 반대자들에 대해서 변호해야 할 일도 더 많기 때문이다. 그런데 싸움터의 적이 한 명도 없게 되면, 곧 가르치는 사람이나 배우는 사람이나 모두 자신의 부서에서 그대로 잠들고 만다.

일반적으로 말하면 모든 전통적인 교리에 대해서도 — 도덕이나 종교의 교리와 같이 사려분별이나 생활상의 지식에 관한 교설에 대해서 — 마찬가지로 말할 수 있다. 모든 나라의 말과 문학 속에는 인생이란 무엇인가, 인간은 살아가는 데 있어서 어떻게 처신해야 할 것인가와 같은 인생에 관한 일반적인 관찰들로 가득하다. 이러한 것은 누구나 알고 있으며 누구나 되풀이해서 기록하고 진술하며, 묵묵히 귀담아 듣고 자명한 것으로 받아들인다.

그럼에도 불구하고 대다수의 사람들은 경험을 통해서 — 대개는 고통스러운 경험을 통해서 — 인생의 문제가 그들에게 현실적인 문제가 될 때라야 비로소 그 의미를 참으로 알게 된다. 예기치 않았던 불행이나 실망으로 고민하게 될 때, 사람은 얼마나 자주 평소에 익히 알던 격언이나 속담을 상기하는 것일까?

그러한 말의 의미를 지금 그가 뼈저리게 느끼는 정도로 과거에도 느꼈더라면 아마 그러한 재난을 당하지 않고 지나칠 수 있었을 것이다. 그러한 사태가 생기는 것에 대해서는 토론이 결여되었기 때문이라는 이유 이외에도 여러 이유가 있다. 세상에는 개인적인 체험을 통해서 의미를 절감하게 되기까지는 의미를 충분히 이해할 수 없는 진리들이 많다.

그러나 그가 그러한 진리의 의미를 진실로 이해하는 사람들에 의해서 논쟁되는 찬반 양론을 평소에 늘 들어 왔더라면, 진리의 의미를 훨씬 더 많이 이해했을 것이며 훨씬 더 깊이 마음속에 새겼을 것이다. 어떤 사실에 대해 의미가 없어지면 곧 그것에 대해서는 더 이상 생각하려고 하지 않는 인류의 치명적인 경향은 인간이 저지르는 과오의 태반의 원인이 된다. 현대의 한 저술가는 이미 결정을 본 의견은 깊은 잠에 들어간다고 설파한 적이 있다. 이 말은 참으로 지당한 말이다.

'무엇이라고(반문하는 사람이 있을지 모르지만)! 여러 사람의 의견이 서로 일치되지 않는 것이 참다운 지식을 위해서 없어서는 안 될 불가결의 조건이란 말인가? 사람들로 하여금 진리를 깨닫게 하기 위해서는 인류 중 일부가 언제나 과오를 고집하는 것이 필요하다는 말인가? 원래 신앙은 일반에게 수용되자마자 곧 진실성이 없어지고 생기도 없어지게 되는 것일까? 원래 의견이라는 것은 그것에 관한 약간의 의문이 남아 있지 않은 한 철저하게 이해되고 실감되는 일은 없다는 것일까?

인류가 만장일치로 진리를 받아들이자마자 진리는 그들의 마음속에서도 소멸되고 만다는 것일까? 지금까지 진보된 지성의 최고의 목적과 최선의 성과란 모든 중요한 진리를 인식하는 방향으로 인류를 한층 더 일치 단결케 하는 데 있는 것으로 생각되어 왔다. 그러면 지성은 목적을 달성하지 못하는 것에 있어서만 존속되어 가는 것일까? 정복의 열매는 승리가 결정적으로 이루어짐과 더불어 썩어 없어져 버리는 것일까?'

나는 결코 이와 같은 말을 긍정하지 않는다. 인류가 진보되어 감에 따라 이미 논쟁이나 의문의 대상에서 벗어난 학설의 수는 끊임없이 증가될 것이다. 인류의 행복은 논의의 여지가 없을 정도로 확실성에 도달한 진리의 수와 중요성에 의해서 측정된다. 연이어 발생하는 문제에 관해 진지한 논쟁이 가라앉는 것은 의견의 통일을 말해 주는 것이다. 그 의견이 진리일 때 그러한 통합은 유익하지만, 그것이 오류일 때 그것은 위험하고 해롭다.

이와 같이 의견의 다양성의 범위가 점점 좁아져 가는 것은 필연적이라는 말의 이중의 의미 — 불가피적이라는 의미와 불가결적이라는 의미 — 에서 필연적이기는 하다. 그렇다고 결과까지 모두 반드시 유익하게 되리라고 결론지을 수는 없을 것이다. 진리를 반대자들에게 설명하든지 변호하지 않으면 안 되는 것은 진리를 지적으로 생생하게 이해하기 위해서 커다란 도움이 되는 것이다.

이러한 도움을 상실해 버린다는 것은 진리가 일반에게 인정됨으로써 얻게 되는 이익을 전적으로 소멸해 버릴 정도의 손실은 아니라 할지라도 적지 않게 그것을 감소시킨다. 이와 같은 유익한 도움이 이미 얻어질 수 없는 곳에서 나는 진심으로 인류의 교도자들이 이것에 대치될 만한 것을 제공해 주도록 노력해 주기를 바란다.

가르침을 받는 자들의 의식 속에 그 문제에 대한 반론을 — 그것이 그의 개종을 열망하는 반대파의 투사들에 의해 강력히 주장되고 있는 것처럼 — 명백히 보여줄 방안을 제시해 주었으면 한다.

그런데 이와 같은 목적을 위하여 방안을 찾아내는 대신에 그들은 이전에 갖고 있었던 방안마저도 잃어버리고 있다. 플라톤의 『대화론』 속에 참으로 훌륭하게 예시되어 있는 소크라테스의 변증법은 이런 종류의 한 가지 방안이었다.

이와 같은 변증법은 본질적으로는 철학이나 인생의 중대 문제에 관한 부정적인 토론이었다. 그 목적은 더할 나위 없는 절묘한 수법으로 일반에게 인정되고 있는 상투적이고 진부한 의견을 무조건 받아들이기만 하는 모든 사람들에 대해서, 그가 아직 그 문제를 이해하고 있지 못하다는 것 — 자신이 신봉하고 있다고 공언하는 교리에 대해서 아직도 명확한 의미를 부여하고 있지 않다는 것 — 을 납득시키는 일이었다. 그로 인해 자신의 무지를 자각하고 교리의 의미와 더불어 교리의 근거에 관한 명확한 이해에서 기인하는 확고한 신념을 갖게 되는 것이다.

중세 스콜라 철학자들의 토론도 어느 정도 이와 유사한 목적을 가지고 있었다. 그것은 학생이 자신의 의견과(이것과 필연적으로 관련되는 것이다.) 반대 의견을 모두 이해하고 있는가, 자기 의견의 논리적 근거를 확고하게 주장하고 반대 의견의 논리적 근거를 능히 논박할 수 있는 힘을 가지고 있는가를 확인케 하는 것을 주된 목적으로 삼았다.

앞에서 기술한 토론법은 확실히 의거하는 전제가 이성으로부터가 아니라 권위로부터 취해졌다는 좀처럼 시정할 수 없는 결정적인 결함을 가지고 있었다. 그것은 정신을 훈련시키는 방법으로 모든 점에서 '소크라테스 학파의 지성'[26]을 형성한 사람들을 감동시

---

26 | 소크라테스의 제자들을 칭함.

키는 유력한 힘을 가진 변증법에는 따를 수 없는 것이었다.

그러나 근대인의 지력이 이들 양자에 힘입은 바는 일반인이 인정하는 것보다 훨씬 더 큰 것이었다. 현대의 교육방법은 조금이라도 이 양자의 어느 것에 대신할 수 있는 것을 전혀 갖지 못하고 있다. 모든 가르침을 교사와 책으로부터 얻는 사람들이 주입식 공부에 만족하는 매우 빠지기 쉬운 유혹은 면한다 하더라도, 어떤 학설에 대해 양면의 주장에 귀를 기울여야 한다는 것을 알기란 좀처럼 어려운 일이다.

누구에게나 자신의 의견을 변호하는 논의 중에서 가장 약한 부분이 반대자에 대한 답변으로 말하려고 하는 부분이 된다. 부정적 논리 — 적극적으로 명확한 진리를 확립하지 않고, 이론상의 약점이나 실천상의 잘못을 지적하는 논리 — 를 비방하는 것이 오늘날의 유행이다. 두말할 필요도 없이 이러한 부정적인 비판은 궁극적인 결론으로는 참으로 빈약하기 짝이 없지만 그 이름에 부합된 적극적인 지식이나 확신에 도달하기 위한 수단으로는 아무리 높이 평가해도 지나치지 않을 것이다.

사람들이 또 다시 조직적으로 그와 같은 훈련을 받기까지는 수학이나 물리학을 제외한 기타의 어떠한 방면의 사고의 영역에 있어서도 위대한 사상가는 거의 출현하지 못할 것이다. 지성의 일반적 수준도 낮은 곳에 머물러 있게 될 것이다. 수학이나 물리학 이외의 다른 모든 문제들에 있어서 반대자와 실제로 활발한 논쟁을 벌일 때 필요한 심적 과정이 다른 사람에 의해서 강제되든지 스스로 통과하지 않는 한 누구의 의견이라 할지라도 그것들은 지식이란 이름으로 불릴 만한 것이 못 된다.

그러므로 그와 같은 정신적 과정이 생겨나지 않을 때 그것이 생겨나도록 하는 것이 필수 불가결하다. 그러나 그것은 매우 곤란한 일이다. 그런데 그와 같은 매우 어려운 일이 자연적으로 주어지는데도 그것을 활용하지 못하고 무시해 버리고 마는 것은 얼마나 어리석은 일일까?

일반 사람들에게 승인되는 의견에 반대 의견을 제시하는 사람들이나 법률이나 여론이 허용하면 역시 반대 의견을 제시할 사람들이 있다고 한다면, 우리는 그들이 반대 의견을 제시하는 것에 대해 감사하며 마음의 문을 열고 그들의 말을 귀담아 듣도록 하자. 우리가 조금이라도 자신이 가진 신념의 확실성이나 생명력을 존중한다면 우리 스스로 더 큰 노력을 경주하여 이룩해야 할 일을 우리를 대신하여 이룩해 줄 사람이 나타난 것에 대해 진심으로 기뻐하도록 하자.

다른 의견이 존재하는 것을 유익한 것으로 보는 중요한 원인들 가운데 언급해야 할 한 가지 이유가 더 남아 있다. 그것은 좀처럼 예측할 수 없는 머나먼 미래에 있는 것으로 밖에 생각되지 않는 지적 진보의 단계에 인류가 도달될 때까지 여전히 유익한 것으로 간주될 주요한 원인들 가운데 하나이기도 하다.

우리는 지금까지 오직 두 가지 가능성들을 고찰해 왔다. 하나는 일반에게 받아들여지는 의견이 잘못되고 버려진 의견이 진리일지도 모른다는 가능성이다. 또 하나는 일반에게 받아들여지는 의견이 진리이긴 하지만, 그 진리성을 명확히 이해하고 깊이 마음속으로 느끼기 위해서는 반대측의 잘못과 싸우는 것을 필수 불가결의 조건으로 보는 가능성이다.

그런데 이러한 두 가능성의 어느 것보다도 훨씬 더 일반적인 가능성이 있다. 그것은 서로 싸우는 학설이 한 편이 진리요, 다른 편이 잘못이라는 것이 아니라 진리를 두 편이 서로 나누어 가지고 있는 경우이다. 따라서 일반 사람들에게 받아들여지는 의견이 그 일부분을 구현하고 있는데 지나지 않는 진리의 나머지 부분을 보충하기 위해서 반대 의견이 필요하다고 보여지는 경우이다.

감각을 통해서 좀처럼 분명하게 알 수 없는 문제에 관해서는 널리 일반 대중에게 받아들여지는 의견이 가끔 진리인 경우도 있기는 하지만, 완전한 진리의 전부일 수는 거의 또는 전혀 없는 것이다. 그것은 진리의 일부분에 지나지 않는다. 때로는 비교적 큰 부분이기도 하며 때로는 작은 부분이기도 하다.

그러나 과장되고 왜곡되어 당연히 그것에 수반되어 제약을 해야 할 진리로부터는 절연되고 있다. 이와 반대로 이단적인 의견은 일반적으로 억압되고 무시당해 온 진리가 자신을 억압해 온 속박을 타파하고 나타난 것이다. 그것은 여론 속에 내포되어 있는 진리와 타협하든지 그것을 적대시하여 배타적인 태도로 자기를 완전무결한 진리라고 주장하려고 한다.

지금까지는 후자의 경우가 가장 빈번했다. 왜냐하면 인간의 정신에는 일면적이라는 것이 언제나 통칙으로 되어 있는 것에 반해 다면적이라는 것은 예외적인 것이기 때문이다. 의견의 변혁에서 진리의 일부분이 모습을 드러냄과 더불어 다른 일부분은 모습을 감추는 것이 보통이다. 대개 진보는 지금까지의 낡은 것 위에 무엇인가를 첨가하는 것을 말한다. 그러한 진보에서도 대개의 경우는 부분적이며 불완전한 진리를 다른 그것으로 대치하는 것에 지나지 않는다.

개선은 주로 다음과 같은 점에서 보여진다. 새로운 진리의 단편은 그것이 배제해 버린 진리의 단편보다 더 많이 요구된다. 그것은 시대의 요구에 보다 더 적합하다. 세상에 널리 유포되어 있는 우세한 의견이 올바른 근거에 입각해 있다 하더라도 부분적인 것이기 때문에 일반의 의견이 망각하고 있는 진리의 부분을 다소라도 내포하고 있는 모든 의견은 속에 아무리 많은 오류나 모순이 뒤섞여 있다 할지라도 귀중한 것으로 생각되어야 할 것이다.

인간사를 냉철하게 판단하는 사람이라면 다음과 같은 이유로 다시 말해 우리가 하마터면 간과했을지도 모르는 진리 — 그들로부터 주의를 받지 않았다면 간과했을지도 모르는 진리 — 를 우리에게 깨우쳐 주는 사람이 이번에는 우리가 이미 알고 있는 진리의 어떤 것을 간과했다는 이유로 분노해야 한다고 느끼지는 않을 것이다.

오히려 그는 다음과 같이 생각할 것이다.

'일반 사람들에게 널리 유포되어 있는 진리가 일면적인 한에 있어서는 일반 사람들에게 널리 받아들여지지 않는 진리도 일면적인 주장자를 갖는 편이 바람직하다. 왜냐하면 그들은 일반적으로 가장 열정적인 사람들이다. 그들은 자신들이 완전무결한 진리인 것처럼 주장하고 있는 지혜의 단편에 대해 우유부단한 태도를 취하는 사람들의 주의를 강요하려는 열의가 가장 강한 사람들이기 때문이다.'

이리하여 18세기에 교육받은 사람들과 교육받지 못한 사람들 중에서 그들에 의해서 지도되는 사람들은 거의 모두 문명을 찬미하고, 근대의 과학과 문학 그리고 철학의 경이에 자신을 잊고 감탄했으며, 근대인과 고대인의 차이를 과대 평가함과 더불어 모든 차이점은 근대인인 자신들의 우수성을 보여 주는 것이라고 믿고 회심의 미소를 짓고 있었다.

이러한 때에 '루소의 역설'이 폭탄처럼 그 한복판에서 폭발하여 밀집되어 있던 일면적인 의견을 한꺼번에 허물어 버리고, 의견의 여러 요소를 보다 더 좋은 형태로 그리고 새로운 성분도 첨가하여 다시 결합되도록 했다. 이처럼 18세기에 루소의 역설은 매우 유익한 충격을 주었다. 그렇다고 하여 당시의 여론이 루소의 의견보다 진리로부터 멀리 떨어져 있었다는 것은 아니다. 진리로부터 멀리 떨어져 있기는커녕 루소의 의견보다 진리에 더 가까웠다.

다시 말해서 여론편이 명확한 진리를 더 많이 포함하고 있었고, 오류도 훨씬 더 적게 포함하고 있었다. 그럼에도 불구하고 루소의 학설 속에는 당시의 일반적인 의견, 즉 여론에 결여되어 있었던 진리의 적지 않은 부분이 포함되어 있었다. 그것이 루소의 학설과 더불어 사상의 흐름으로 흘러 내려갔다. 이러한 진리는 홍수가 지나간 후에 남겨진 침전물이다.

간소한 생활은 보다 더 훌륭한 가치가 있으며, 인위적 사회의 속박과 위선은 인간을 무기력하게 한다. 타락시킨다고 여겨지는 사상은 루소의 저서가 나타난 이후로 교양 있는 사람들의 마음속에서 완전히 사라져 버리는 일은 없게 되었다. 이러한 사상은 머지않아 때가 오면 정당한 효과를 발휘하게 될 것이다.

현재에도 이러한 사상은 변함 없이 강력히 주장될 필요가 있다. 이러한 사상은 특히 행동으로 주장될 필요가 있다. 왜냐하면 이러한 문제에 관해서[27] 언어는 거의 설득력을 잃어버렸기 때문이다.

정치에서 질서와 안정을 표방하는 정당과 진리보다 혁신을 표방하는 정당 모두가 건전한 정치를 이룩하기 위해 필요한 요소라는 것은 거의 자명한 사실이다. 어느 한 쪽의 정당이 정신적 이해의 폭을 넓혀 질서와 진보를 모두 주장하는 정당으로 되어 보존해야할 것과 일소해 버려야 할 것을 잘 알고, 그것을 능히 식별할 수 있게 되기 전까지는 그럴 필요가 있다.

이러한 각각의 사고방식은 그것의 효용을 상대편의 결함들에서 이끌어 낸다. 그러나 그 어느 것도 이성과 건전성의 올바른 궤도를 벗어나지 않는 것은 주로 상대편의 반대 때문이다.

---

27 | 밀이 루소의 『paradoxes』를 인용했을 것이라고 추정된다.

민주정치와 귀족정치, 사유재산제도와 평등, 협동과 경쟁, 사치와 금욕, 사회성과 개인성, 자유와 통제 그리고 기타 실제 생활상의 끊임없는 모든 대립에 관해서 쌍방을 찬성하는 의견이 평등한 자유 속에서 발표되며 동일한 재능과 열정을 가지고 활발하게 주장되고 변호되지 않는다면, 쌍방의 요소가 공평하게 취급받을 수 있는 기회는 없다. 저울대의 한 쪽이 올라가면 다른 쪽은 내려가는 것이 이치다.

인생의 중대한 실제 문제에서 진리는 대립물을 화해시켜 결합시키는 것과 큰 관련이 있다. 그러나 될 수 있는 대로 정확한 조정을 이룩하게 할 수 있을 정도로 포용력이 큰 공평한 마음을 가진 인물을 찾아보기란 매우 힘들다. 이와 같은 조정은 서로 적대하는 깃발 아래에서 싸우는 전사들 사이의 투쟁이라는 난폭한 방법으로 되어지는 것이 실제의 상황이다.

위에서 열거한 미해결의 중대한 문제들 중 하나에 대해서 서로 대립되는 두 의견들 가운데 어느 한 쪽이 다른 쪽보다도 관대하게 대우될 뿐만 아니라 고무되고 격려되어져야 한다고 요구될 경우가 있다고 한다면, 그것은 특별한 때와 장소에서 우연히 소수 의견의 입장에 놓여 있는 의견일 것이다. 이와 같은 의견은 당분간 무시를 당하는 인류 복지의 한 면을 대표하는 의견이다.

우리나라에서는 이러한 문제의 대다수에 관해서 차이를 허용하지 않는 불관용이 존재하지 않는다는 것은 잘 알고 있다. 여기에 이와 같은 문제를 인용한 것은 인간성의 현재 상태에서는 오직 의견의 차이를 통해서만 진리의 모든 측면을 공평하게 다룰 기회가 생긴다는 사실의 보편성을 일반적으로 널리 인정되는 실례에서 찾기 위해서다.

어떠한 문제에 있어서나 그것에 관해서 세상의 일반 사람들이 분명히 일치된 의견을 표시하고 있음에도 불구하고 예외가 되는 사람들이 있다고 하면, 비록 세상 사람들의 편이 옳다고 하더라도 그것에 반대하는 사람들의 소리도 들을 만한 가치가 있는 것이다. 반대하는 사람이 침묵을 지킬 때 진리는 무엇인가를 잃어버리게 된다는 것은 있을 수 있는 일이다.

이와 같은 이론에 대해 반론이 제기될 수 있다.

'그러나 일반에게 널리 받아들여지고 있는 원리들 가운데 특히 중요한 문제에 관한 어떤 것은 반쪽만의 진리밖에 없는 것이 아니라 그 이상의 것이다. 이를테면 그리스도교의 도덕은 적어도 도덕 문제에 관해서는 완전무결한 진리이다. 누군가가 이것과는 다른 도덕을 가르친다면 그는 전적으로 잘못되어 있는 것이다.'

이와 같은 그리스도교의 도덕은 모든 문제 가운데 실제로 가장 중요한 것이다. 따라서 보편적 원리의 타당성을 음미해 보기 위해서는 이 이상으로 적당한 것은 없을 것이다. 그러나 그리스도교의 도덕은 어떤 것이며 무엇이 도덕의 본질이 아닌가를 단언하기에 앞서 그리스도교 도덕이라는 말이 무엇을 의미하는가를 규정해 두는 것이 좋을 것 같다.

그것이 신약성서의 도덕을 의미한다고 하면 신약성서를 읽고 그것으로부터 그리스도교 도덕에 관한 지식을 끄집어내고는 그것이 하나의 완전무결한 도덕학설로서 기술되었거나, 그렇게 의도된 것이라고 가정할 수 있다는 것을 나는 의심한다.

복음서는 언제나 재래의 도덕을 언급하고 있으며, 그 도덕이 시정되든지 보다 더 광범하고 보다 더 고상한 도덕에 의해서 대체되어야 하는 몇몇 구체적인 점에 그 가르침을 한정시키고 있다. 복음서는 매우 개괄적인 말로 기술되어 있다. 복음서는 문자 그대로 해석할 수 없는 경우가 가끔 있으며, 법조문의 정확성보다는 시나 웅변이 들려주는 감명을 준다.

신약성서로부터 하나의 체계를 갖춘 윤리학설을 끄집어내는 일은 구약성서의 내용으로 부족한 부분이 보충되지 않는 한 도저히 불가능했다. 구약성서도 매우 정교하고 치밀한 체계를 이루고 있으나 많은 점에서 야만적이며 야만 민족만을 대상으로 한 것이었다.

이러한 복음을 유대인식으로 해석하여 자신의 주 그리스도의 계획을 유대인적으로 보완하려는 방식에 공공연히 적대했던 사도 바울은 재래의 도덕, 즉 그리스인과 로마인의 도덕을 채용하고 있다. 그리스도 교도들에 대한 그의 충고는 대부분이 이러한 그리스인과 로마인의 도덕에 순응된 것이었으며, 마침내 노예제도를 분분히 시인하게 되었다.

보통 그리스도교 도덕이라고 불리는 것은, 즉 신학적 도덕이라고 불려야 할 그리스도교 도덕이라는 것은 그리스도나 그 제자들이 만든 것은 아니다. 그것은 훨씬 뒤에 생겨나 초기 5세기 동안 카톨릭 교회에 의해서 서서히 구축되어 간 것이었다. 근대인이나 신교도들은 이것을 맹목적으로 받아들이지는 않았다. 그들이 수정한 것은 사람들이 예상하는 것보다 훨씬 적었다.

실제로 가장 많은 부분에서 그들은 중세에 그리스도교 도덕에 첨가된 부분을 삭제해 버리는 것으로써 만족했으며, 각 종파는 제각기 성향에 적합한 것을 추가하여 이것을 보충했다. 인류가 이와 같은 그리스도교 도덕과 초기의 교도자들에게 커다란 은혜를 입었다는 사실을 나는 결코 부정하려고 하지 않는다. 그러나 여기에서 조금도 서슴지 않고 "이러한 도덕은 많은 중요한 점에서 불완전하며 일면적이다. 이러한 도덕에 의해서 시인되지 못한 사상이나 감정이 실제로 유럽인의 생활과 성격의 형성에 기여한 것이 없었더라면, 인간의 모든 파편화된 생활은 지금보다 훨씬 더 나쁜 상태에 처해 있었을 것이다."라고 말하고 싶다.

그리스도교 도덕은 이른바 한 동작에 대해 다른 동작이 갖는 특징들을 갖고 있다. 그것은 대부분 이교에 대한 항의로 되어 있다. 그 이상은 적극적이기보다는 소극적이며 능동적이기보다는 피동적이다. 다시 말해 그것은 고귀하게 되기보다는 죄를 범하지 않는 것을 존중히 여기며, 열정적으로 선을 추구하기보다 악을 멀리하는 것을 존중히 여긴다. 그 가르침에는(훌륭하게 이야기되어 온 것처럼) '그대는 이러 이러한 일을 하지 말지어다' 라는 말이 '그대는 이러 이러한 일을 할지어다' 라는 말을 부당하게도 압도하고 있다.

그리스도교 도덕은 육욕을 두려워한 나머지 금욕주의를 숭배했다. 그것은 점차로 개악되어 마침내 율법을 우상화하는 데까지 이르게 되었다. 이러한 도덕은 사람들에게 유덕한 생활을 하도록 하기 위한 적절한 동기로 천국의 희망과 지옥의 위협을 제창한다. 이런 점에서 이 도덕은 고대인의 최선의 도덕에 비해 훨씬 뒤떨어진다.

이러한 도덕은 인간의 도덕에 대해서도 본질적으로 이기적인 성격을 부여하는 것이라고 해야 할 것이다. 왜냐하면 이 도덕은 특히 이기적인 동기에 유인되어 동포의 이익을 생각하는 경우를 제외하고는 각자의 의무감과 동포의 이익을 완전히 분리시키기 때문이다. 그것은 본질적으로 수동적인 복종의 교리이다. 그것은 기성의 모든 권위에 복종할 것을 가르친다.

이와 같은 권위가 종교가 금하는 것을 명령할 때 자진해서 그 명령에 복종할 필요는 없다. 그러나 그것이 우리 자신에 대해서 어떠한 해악을 끼친다 할지라도 그것에 저항해서는 안 되며 반란 따위를 일으킨다는 것은 상상조차 할 수 없는 것으로 되어 있다.

가장 우수한 여러 이교 국민의 도덕에서 국가에 대한 의무가 너무나 지나치게 중시되어 개인의 정당한 자유마저도 침해할 정도인 것에 반하여 순수한 그리스도교의 윤리에서는 이 중대한 의무의 부문이 거의 주목되지 않고 인식조차 되지 않는다.

'자신의 영토 안에 가장 적합한 인물이 있음에도 불구하고 누군가 다른 사람을 그 관직에 임명하는 지배자가 있다면, 그는 신에 대해서나 국가에 대해서 죄를 범하는 것이다.' 라는 격언이 있다. 이 격언은 그리스도교의 신약성서가 아니라 이슬람교의 '코란' 에 있는 것이다. 사회에 대한 의무의 관념이 근대 도덕 속에 다소라도 인정되어 있다고 하면, 그것은 그리스와 로마로부터 비롯된 것이지 그리스도교로부터 비롯된 것은 아니다.

마찬가지로 개인 생활의 도덕에 있어서 관대한 아량, 고매한 기백, 인격적 위엄, 그리고 염치를 아는 마음들이 보여진다면 그것은 모두 교육의 순수한 인간적인 부분으로부터 유래된 것이지, 종교적인 부분으로부터 유래된 것은 아니다. 그것은 '명백히 공인된 유일한 가치는 복종의 가치'라고 보는 윤리의 표준으로부터는 결코 생겨나지 못했을 것이다.

이와 같은 결함들은 그리스도교 윤리에 필연적으로 내재하는 것이라든가, 완전한 도덕설의 불가결한 요소로서 그리스도교 윤리에 포함되지 못한 많은 요소들은 그리스도교 윤리와는 도저히 융화될 수 없다는 식으로 단언할 생각은 추호도 없다. 더구나 그리스도의 교리나 가르침에 관해서 그러한 것을 완곡하게 말하려는 생각도 없다. 나는 '그리스도의 말씀에서 의도되고 있었던 것을 밝힐 수 있는 증거로 내가 들 수 있는 것은 그리스도의 말씀뿐'이고, '그리스도의 말씀은 포괄적인 도덕이 요구하는 어떠한 것과도 모순되는 것은 아니며 윤리에서 훌륭한 것은 모두 그리스도의 말씀 속에 포함될 수 있는데, 이렇게 포함시킴으로써 그 말씀의 뜻을 그르치는 정도는 그것으로부터 실천 윤리의 체계를 이끌어내려고 하는 모든 사람들이 그르친 정도로 크지는 않다.'고 믿고 있다.

그러나 내가 그렇게 믿는 것이 다음과 같이 믿는 것과 모순되는 것은 결코 아니다. 나는 '그리스도의 말씀은 진리의 일부분밖에 포함하고 있지 않으며 사실 일부분만을 포함시키려는 의도였다.'고 믿는다. 나는 '최고의 도덕의 본질적 요소의 많은 것들은 그리스도교의 창시자의 기록된 말씀 속에는 제시되지 않고 있는 것이며, 제시하려고도 하지 않았던 것에 속한다. 그러한 것들은 그리스도의 말씀을 기초로 하여 그리스도 교회가 수립해 놓은 윤리체계 속에서는 완전히 무시되어 왔다.'고 믿는다.

이러한 까닭에 그리스도교의 교리로부터 우리의 행위를 인도해 줄 완전한 규칙을 — 그리스도가 시인하고 힘써 실행케 하려고 하였지만 부분적으로 밖에는 제시하지 않았던 규칙을 — 끝까지 찾아내려고 하는 것은 커다란 잘못이라고 나는 생각한다. 그러한 편협된 생각은 오늘날 그처럼 많은 선의의 사람들이 전력을 다해서 촉진시키려고 애쓰는 도덕적 훈련이나 교육의 가치를 크게 손상시키는 것이며, 실로 하나의 중대한 해악이 되고 있다고 나는 생각한다.

오로지 종교적인 유형에 맞추어서 인간의 정신과 감정을 형성하려고 함으로써 지금까지 그리스도교 윤리와 더불어 존재하여 그

모자란 점을 서로 보충해 온 세속적 표준, 현세적 기준(달리 적합한 말이 없으므로 이렇게 불러도 좋으리라고 생각한다.)을 포기해 버린다 면 그 결과로 무기력하고 저열한 노예적 성격이 생겨나게 될 것을 나는 크게 두려워한다.

의지라고 생각하는 것에 대해서는 복종할 수는 있어도 최고의 선 개념까지 도달하여 그것에 공감할 수는 없다. 인류의 도덕적 부활을 이룩하기 위해서 그리스도교만을 기초로 해서 발전되는 윤리와는 별개의 윤리가 그리스도교 윤리와 병존해 가지 않으면 안 된다고 나는 믿는다.

그리스도교의 체계라 할지라도 인간의 정신이 불완전한 상태에 있는 동안 진리를 위해서는 의견상의 차이가 있는 것, 즉 의견의 다양성이 필요하다는 규칙의 예외가 될 수 없다고 나는 믿는다. 그리스도교에 포함되어 있지 않은 도덕적 진리를 무시하지 않는다고 해서 반드시 그리스도교가 현재 포함하고 있는 진리를 무시해도 좋다는 것은 아니다.

이와 같은 편견이나 부주의가 생긴다면 그것은 확실히 하나의 폐해이다. 그러나 이와 같은 폐해는 우리가 항상 모면하리라고 기대할 수 없는 것이다. 이 폐해는 쉽사리 측량할 수 없을 정도로 큰 이익을 위해서 지불되는 대가로 간주되지 않으면 안 되는 것이다.

진리의 일부분을 마치 진리의 전체인양 주장할 때 그것에는 항의가 있어야 하고 항의 받는 것이 당연하다.

항의를 하는 사람 자신이 반동적 충동에 사로잡혀 불공평하게 행동하게 되어도 이와 같은 일면적 주장도 항의를 당하는 사람의 일면적 주장과 마찬가지로 매우 유감스러운 일일지 모르지만 너그럽게 용서되지 않으면 안 된다. 그리스도 교도가 이교도에게 공평하게 행동하라고 가르치려 하면 그들 자신도 이교도에 대해서 공평하지 않으면 안 된다.

문학사에 대해 보통 정도의 지식을 지닌 사람이라면 누구나 아는 것이지만, 가장 고귀하고 가치 있는 도덕적인 교훈의 대부분은 그리스도교의 신앙을 알지 못하는 사람들이나 그리스도교를 알고 있으면서도 그것을 배척한 사람들의 손에 의해서 이루어졌다는 사실을 보고도 못 본 체하는 것은 진리에 대해서 공헌하는 것이 아니다. 그리고 있을 수 있는 온갖 내용의 의견을 발표하는 자유를 무제한으로 행사케 한다면 종교나 철학적인 당파심의 폐해는 자취를 감추게 될 것이라고 주장하려는 것도 아니다.

포용력이 좁은 사람들이 열렬히 주장하는 진리는 마치 이 세상에는 그 이외에는 달리 진리가 없는 것처럼, 또는 적어도 그러한 진리를 제한하고 수정할 수 있는 다른 진리는 존재하지 않는 것처럼 주장되고 가르쳐지며 여러 방법으로 실행에 옮겨지기도 한다. 모든 의견은 원래 당파적으로 되기 쉽다. 이러한 경향은 가장 자유로운 토론에 의해서 교정되는 것도 아니고, 가끔은 그것에 의해서 더 한층 강화되고 악화된다는 사실을 나도 인정한다. 당연히 인정받아야 함에도 불구하고 인정받지 못한 진리가 반대자로 간주되는 사람들에 의해서 주장된다는 사실만으로 그 진리는 한층 더 거부된다.

그러나 이와 같은 의견 충돌이 유익한 효과를 발휘하는 대상은 당파심이 강한 사람들이 아니라, 보다 냉정하고 사심이 없는 방관자이다. 진리의 여러 부분 사이의 맹렬한 싸움이 아니라 진리의 반쪽이 은밀히 억압당하는 일은 가공할 만한 해악이다. 사람들이 쌍방의 주장을 듣지 않으면 안 될 때는 언제나 희망이 있다. 그들이 단지 한 쪽에만 주의할 때 진리 그 자체는 과장되고 거짓되어, 진리로서의 효과를 갖지 못하게 된다.

어떤 문제에 관해서 서로 대립되는 의견들 중 한 쪽만이 변호자에 의해서 제시될 때 쌍방의 옳고 그름을 현명하게 판결할 수 있는 재판관의 정신적 능력은 극히 보기 힘든 것이기 때문에, 내포되어 있는 온갖 의견이 '변호인을 가질 뿐만 아니라 다른 사람들로 하여금 귀를 기울이게 할 정도로 변호되는 것에 정비례해서 널리 인

정될 기회를 갖게 된다.'

네 가지의 명백한 근거에 의해 의견의 자유와 의견을 발표하는 자유가 인류의 정신적 행복(인류의 다른 모든 행복은 모두 이것에 달려 있다.)을 위해 필요하다는 것을 이제 우리는 인식하게 되었다. 이제 그 네 가지 근거의 요점을 간단하게 기술해 보자.

첫째로 어떤 의견이 침묵을 강요당한다면 확신할 수는 없지만 그 의견은 진리일지도 모른다. 이러한 사실을 부정하는 것은 우리 자신의 절대무오류성을 가정하는 것이다.

둘째로 침묵을 강요당한 의견이 잘못된 것이라 할지라도 그것은 진리의 일부를 포함하고 있을지도 모르며, 실제로 포함하고 있는 것이 보통이다. 그리고 일반적이거나 지배적인 의견은 거의 또는 결코 완전한 진리가 될 수 없기 때문에 진리의 나머지 부분이 보충될 수 있는 기회는 서로 반대되는 의견이 충돌될 때만이 주어진다.

셋째로 일반에게 널리 인정되는 의견이 진리일 뿐만 아니라 진리의 전체라고 할지라도 그것에 대해서 활발하고 진지하게 논쟁되는 것이 허용되지 않고 실제로 논쟁되지 않는다면, 그러한 의견을 받아들이는 사람들의 대다수는 편견을 품듯이 마음속에 품게 됨으로써 그것에 대한 합리적인 근거를 이해하고 실감하는 일은 거의 없을 것이다.

이것뿐만이 아니라 넷째로 의견 자체가 갖는 의미가 상실되거나 약화될 위험에 처하게 될 것이며, 그것이 인성과 행동에 미치는 결정적인 영향력을 빼앗기게 될 것이다. 그 교리는 단순한 형식적인 고백에 지나지 않게 되어 선에 전혀 아무런 효과도 없게 되고, 근본을 훼손하고 이성이나 개인적인 경험으로부터 참되고 진실된 확신이 생겨나는 것을 방해하게 될 것이다.

의견의 자유라는 문제에 관한 논술을 끝맺기 전에 의견의 자유로운 발표는 태도가 온건하고 공정한 토론의 한계를 넘지 않는 조건에서만 허용되어야 한다고 주장하는 논자에 대해서 주의를 촉구하는 것이 온당할 것이다. 공정한 토론의 한계를 어디에 두어야 할 것인지 결정하는 것이 불가능하다는 점에 관해서는 많은 논의가 있을 수 있다.

왜냐하면 의견이 공박 당한 사람들을 불쾌하게 만드는 것이 공정한 토론의 한계에 대한 판단 기준이라고 한다면 공박하는 것이 유효하고 강력할 경우에는 언제나 상대편이 불쾌감을 갖게 된다는 사실과 상대편을 맹렬히 추궁하여 그들에게 답변에 곤란을 느끼게 하는 반대론자가 당면 문제에 관해서 무엇인가 강렬한 감정을 표시할 때에는 반드시 상대편에게는 불손하기 짝이 없는 반대자로 보이게 된다는 사실은 인간의 경험이 실증해 주고 있다고 나는 생각하기 때문이다.

그러나 실제적인 관점에서 보면 이러한 문제는 중요한 고려 사항이지만 보다 더 근본적인 반대론 속에 포함되는 것이다. 의심할 여지없이 의견이 정당하다고 할지라도 그것을 주장하는 태도는 매우 불쾌할 수 있고, 당연히 심한 비난을 받을 수 있다. 그러나 이러한 종류의 공격들은 우연히 스스로 폭로하지 않는다면 대개의 경우 과오를 뼈저리게 느끼게 되는 것은 거의 불가능한 것과 같은 이치이다.

그 중에서도 가장 예사롭지 않은 것은 궤변을 논하거나, 사실이나 논증을 은폐하거나 사건의 요점을 잘못 기술하거나, 반대 의견을 잘못 전하는 것이다. 그러나 이와 같은 행위는 무지하거나 무능하다고 생각되지 않는 사람들에 의해서 그리고 여러 면에서 결코 그렇게 생각될 수 없는 사람들에 의해서 꾸준히 행해지기 때문에 잘못 기술하는 것에 대해서 도덕적인 죄악이라고 낙인을 찍는 것은 불가능하다. 하물며 법이 이러한 논쟁의 잘못된 행위에 간섭한다는 것은 한층 더 불가능하다.

일반적으로 난폭하고 나쁜 논의라는 의미로 해석되는 욕설을 퍼붓는 것, 빈정거리는 것, 인신 공격을 하는 것, 그 밖의 것들에 관해서 서로에게 무기 사용이 금지된다면 무기 사용에 대하여 비난하는 것은 더 많은 공감을 얻을 것이다. 그러나 이러한 무기의 사용을 억제하는 것이 요망되는 것은 우세한 의견에 대해서 뿐이다.

우세하지 못한 의견에 대해서는 이러한 무기들이 사용되어도 일반의 비난을 받지 않을 뿐만 아니라, 이것을 사용하는 사람은 오히려 성실한 열의를 가졌으며 의분을 느끼는 사람이라는 칭찬을 듣는 것이 보통이다. 그러나 그와 같은 무기의 사용으로부터 생겨나는 해악들은 비교적 아무런 방비를 갖추지 못한 사람들을 공격하기 위하여 사용될 때 가장 크게 나타난다.

이러한 무기를 사용하여 의견을 주장함으로써 얻는 부당한 이익이 어떠하든 간에 그 이익을 일방적으로 독점하는 것은 일반에게 널리 인정되는 의견의 편이다. 논쟁하는 사람들이 저지를 수 있는 이러한 부당 행위들 중에서 가장 나쁜 것은 반대 의견을 품고 있는 사람들에게 사악하고 부도덕한 인물이라는 오명을 뒤집어 씌우는 일이다.

별로 인기가 없는 의견을 품고 있는 사람들은 특히 이런 종류의 비방을 받기 쉽다. 왜냐하면 그들은 일반적으로 영향력도 갖지 못하며, 그들 이외에는 어느 누구도 그들이 공평한 대우를 받고 있느냐의 여부에 대해 별 관심을 갖지 않기 때문이다.

사실의 성질이 이렇기 때문에 우세한 의견을 공격하는 사람들이 이러한 무기를 사용하는 것은 거부되고 있다. 그들은 자신들에게 유리하도록 그것을 사용할 수 없다. 어려움을 당하지 않고 무사히 사용했다고 할지라도 결국 그들의 주장에 대해서 같은 무기에 의한 보복이 가해질 뿐이다.

일반적으로 세상 사람들에게 널리 받아들여지는 의견과 대립되는 의견은 가능한 그 용어를 부드럽게 하는 한편 매우 신중하게 불필요한 공격을 피하면서 발언의 기회를 얻을 수 있다. 조금이라도 이러한 주의를 게을리 하면 그 의견은 입지를 잃어버리게 될 것이다. 그러나 우세한 의견측이 터무니없는 욕설을 하게 되면 실제로 사람들은 반대 의견을 발표하지 않게 되며, 반대 의견을 발표하는 사람들에게 귀를 기울이지도 않게 된다.

그러므로 진리와 정의를 위해서 우세한 의견측이 욕설의 남용을 억제하는 것이 반대 의견을 품고 있는 측이 욕설의 남용을 억제하는 것보다 훨씬 중요하다. 이를테면 둘 중에서 어느 하나를 택하지 않으면 안 될 경우, 정통적인 종교에 대한 무례한 공격을 억제하는 것보다는 불신앙에 대한 무례한 공격을 억제하는 편이 더 필요할 것이다. 그러나 그 어느 편을 억제하는 일이 법과 권위의 임무가 아닌 것은 분명하다. 반면에 여론이 모든 경우 각 사례의 사정에 따라서 판단을 내려야 할 것이다.

논쟁하는 둘 사이에서 어느 편에 찬성하건, 자신의 주장을 변호하는 태도에서 공평성을 갖지 못하고 악의와 아집 그리고 편협한 감정을 보이는 사람은 누구를 막론하고 비난받아야 한다. 그러나 어떤 사람이 취하는 입장이 우리 자신의 입장과 반대된다 할지라도 위에서와 같은 악덕행위가 그 사람의 입장에서 나타나는 것으로 추리해서는 안 된다.

반대자들과 그 의견이 어떠한가를 냉정하게 관찰하여 정직하게 진술하는 사람들과 반대자들에게 불리할 것 같은 일은 하지 않고, 그들에게 유리하게 되든지 그렇게 될 것으로 생각되는 것을 숨기지 않는 사람들에 대해서는 그들이 어떤 의견을 품고 있건 당연히 경의가 표현되지 않으면 안 된다. 이것은 공적 토론의 참된 도덕이다.

이러한 도덕이 가끔 침범 당하는 일이 있다고 할지라도 대체로 이것을 지켜 가려는 많은 토론자들이 있다. 양심적으로 이것을 지켜 가려고 애쓰는 사람들이 더 많다는 것을 생각할 때 나의 마음은 즐겁다.

3

행복의 한 요소로서의 개성

개성의 자유로운 발전이 행복의 가장 본질적인 요소 중
하나라고 절실히 느낀다면 그것이 문명이니 지도니 교육이니 교양이니
하는 말로 표현되는 모든 것들과 대등한 요소일 것이다.
뿐만 아니라 그 자체가 모든 것의 필요한 요소이며 조건이라 느낀다면
자유가 경시될 위험은 없으며, 자유와 사회적 통제의 경계를 조성하는 일이
특별한 어려움을 일으키지 않을 것이다.

제3장 _ 행복의 한 요소로서의 개성

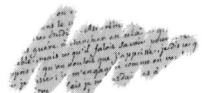

인간이 자유롭게 여론을 형성하고 의견을 거리낌 없이 발표하는 것이 반드시 필요한 이유는 앞에서 기술한 바와 같다. 이와 같은 자유가 허용되거나 금지를 무릅쓰고라도 주장되지 않는다면, 인간의 지성과 그것을 통해 도덕성에 끼치는 해로운 영향도 앞에서 기술한 바와 같다.

다음에는 그러한 이유로 인간이 자신의 의견을 실행할 수 있는 자유를 가져야 하는지 어떤지를 검토해 보기로 하자. 여기에서 말하는 자신의 의견을 실행할 수 있는 자유는 자기 자신의 책임과 위험 부담 하에서 행해지는 한 주위에 의해서 육체적으로나 정신적으로 방해를 받지 않고 자신의 의견을 생활 속에서 실현해 가는 자유를 의미한다.

　자기 자신의 책임과 위험 부담 하에서라는 조건은 말할 필요도 없이 절대적으로 필요하다. 어느 누구도 의견과 마찬가지로 행위도 자유로워야 한다고 감히 주장하지 않는다. 반대로 의견이 발표되는 사정이 해로운 행위를 적극적으로 선동하여 못된 일을 하도록 하는 것일 때, 그 의견은 다른 사람으로부터 아무런 간섭을 받지 않을 권리를 상실하고 만다.

　곡물상들이 빈민을 굶주리게 한다고 생각하거나 사유재산제도를 약탈이라고 생각하는 것은 단지 출판물을 통해서 유포될 뿐이라면 방해받아서는 안 되지만, 곡물상의 집 앞에 모여 있는 흥분된 군중을 향하여 말로 전달한다든가, 플랜카드의 형식으로 전해지든지 할 때에는 당연히 처벌의 대상이 될 수 있을 것이다.

　정당한 이유 없이 다른 사람에게 해를 주는 행위는 어떤 종류이든 간에 이것에 반대하는 일반의 감정에 의해서, 또는 필요한 경우에는 사람들의 적극적인 간섭에 의해서 억제되어도 좋으며 보다더 중대한 경우에는 억제되는 것이 절대적으로 필요하다.

　개인의 자유는 이러한 한계까지 제한되지 않으면 안 된다. 개인은 타인에게 귀찮은 존재가 되어서는 안 되지만, 만일 개인이 타인에게 관계되는 일에 있어서 간섭하는 것을 금하고 오로지 자기 자신에 관한 일을 자신의 성향과 판단에 따라서 행하는 데 그친다면 그에게는 스스로의 책임 하에서 아무런 간섭도 받지 않고 자신의 의견을 실행에 옮기는 것이 허용되어야 한다.

이것은 '의견은 마땅히 자유로워야 한다는 것'을 명시해 주는 경우와 같은 이유에 의해서 증명이 된다. 인간은 절대로 잘못을 저지르지 않는 존재는 아니라는 것, 인간의 진리는 대부분이 한 쪽의 진리에 지나지 않는다는 것, 의견의 일치는 서로 반대되는 의견을 충분히, 그리고 가장 자유롭게 비교해 본 결과 이루어진 것이 아닌 한 결코 바람직하지 않다는 것, 진리의 모든 측면을 인식할 수 있는 인간의 능력이 현재보다 훨씬 증대되기까지 의견상의 차이는 해악이 아니라 이익이라는 것, 이러한 것들은 인간의 의견에 대해서와 마찬가지로 행위의 양식에 대해서도 적용될 수 있는 원칙들이다.

인류가 불완전한 존재인 한 다른 의견이 존재하는 것이 유익한 것과 마찬가지로 서로 다른 생활을 경험하는 것도 유익하다. 타인에게 해를 끼치지 않는 한 여러 가지 성격에 대해서 자유로운 활동을 부여하는 것과, 누군가가 다른 생활양식을 경험해 보려는 경우는 그로 하여금 그것을 경험하게 하여 서로 다른 생활양식의 가치를 실제로 증명케 하는 것이 유익하다.

요컨대 일차적으로 다른 사람에게 관계되지 않은 일에 개인이 자신을 주장하는 것이 바람직하다. 자신의 성격이 아니라 다른 사람들의 전통과 습관이 행위의 규칙이 되는 곳에서는 인간 행복의 중요한 구성 요소의 하나가 모자라게 된다. 실제로 개인과 사회 진보의 가장 중요한 구성 요소가 모자라게 되는 것이다.

이와 같이 원리를 주장할 때 마주치는 가장 큰 곤란은 일반에게 널리 인정되고 있는 목적에 도달하기 위한 수단을 올바르게 이행하는 것이 아니라, 목적 그 자체에 대한 일반인들의 무관심에 있다.

개성의 자유로운 발전이 행복의 가장 본질적인 요소 중 하나라고 절실히 느낀다면 그것이 문명이니 지도니 교육이니 교양이니 하는 말로 표현되는 모든 것들과 대등한 요소일 것이다. 뿐만 아니라 그 자체가 모든 것의 필요한 요소이며 조건이라 느낀다면 자유가 경시될 위험은 없으며, 자유와 사회적 통제의 경계를 조성하는 일이 특별한 어려움을 일으키지 않을 것이다.

그러나 불행히도 일반적인 사고방식에 의하면 개인의 자발성은 고유한 가치가 있으며, 그 자체로 존경받을 만하다는 것이 거의 인정되지 않고 있다. 대다수의 사람들은 현재 행해지고 있는 인류의 생활방식에 만족하기 때문에 이러한 생활방식이 모든 사람들에게 충분히 이롭지 못하다는 것을 좀처럼 이해할 수 없다.

자발성은 대다수의 도덕적이고 사회적인 개혁자들의 이상 중 일부분으로 되어 있지 않다. 그것은 개혁자들이 인류를 위하여 가장 좋은 것이라고 판단하는 것을 일반인에게 널리 받아들이게 하는 경우, 즉 아주 곤란한 그리고 그것에 거역하게 될 장애물로써 경계심을 가지고 있는 것이다.

독일 이외에서는 거의 모든 사람들이 석학으로나 정치가로 명성이 높았던 빌헬름 폰 훔볼트가 어떤 논문의 주제로 인간의 목적, 또는 이성의 영원불변의 명령에 의해서 규정되며 막연하고 일시적인 욕구에 의해서 제안되는 것이 아니라 전체를 완성하고 유지하기 위해 인간의 능력을 최고로 그리고 가장 조화롭게 발달시킨다는 학설의 의미를 이해조차 하지 못하고 있다.

따라서 모든 인간이 끊임없이 노력을 해야 하고 특히 동포들에게 영향을 미치고자 하는 사람들이 항상 주의를 기울여야 할 목표는 능력과 개성의 발전이다. 이것을 위해서는 두 가지의 조건인 자유와 상황의 다양성이 필요하다. 이 두 가지 조건이 서로 결합됨으로써 개성의 활력과 풍부한 다양성이 발생하며, 개성의 활력과 풍부한 다양성이 서로 결합되어 독창성[28]이 된다.

그러나 사람들이 훔볼트의 학설에 익숙하지 않고, 개성에 대해서 높은 가치를 부여하는 것이 놀라운 일이라 할지라도 우리는 이러한 문제를 정도의 문제에 지나지 않는 것으로 생각해야 한다. 다른 사람을 모방하는 것 이외에는 아무 것도 하지 않는 것을 행위의 이상으로 생각하는 사람은 아마 없을 것이다.

　자신의 생활양식 속에 또는 자신의 일신상의 문제를 처리하는 데 있어서, 자신의 판단이나 개성을 개입시켜서는 안 된다고 주장하는 사람은 아마 없을 것이다. 인간은 마치 자기가 이 세상에 태어나기 전에는 아무 것도 알려져 있지 않았던 것처럼, 또는 어떤 생활양식이나 행위의 방식이 다른 것보다 낫다는 것을 증명하는 경험은 아직 단 한 번도 없었던 것처럼 생활해야 한다고 주장하는 것은 어리석은 일일 것이다.

　인간은 청년시대에 인류의 경험을 통해서 확인된 성과를 알고 이것으로부터 이익을 얻도록 교육되며, 훈련되어야 한다는 것을 어느 누구도 부정하지 않는다. 그러나 종래의 경험을 자신의 독자적인 방법으로 활용하고 해석하는 것은 여러 가지 능력이 성숙기에 도달된 인간의 당연한 특권이며 정당한 상태이기도 하다. 기록

28　빌헬름 폰 훔볼트 남작의 독일어 원본으로부터 영역된 『The sphere and Duties of Government』를 참조.

에 남아 있는 종래의 경험 속에서 어느 부분이 자신의 환경과 성격에 올바르게 적용될 수 있는가를 발견하는 일은 그의 임무이다.

어느 정도까지는 다른 사람들의 전통과 관습은 그들의 경험이 무엇을 그들에게 가르쳐 왔는가를 보여주는 증거 — 추정 증거 — 이다. 그러한 증거로 우리는 당연히 존경을 요구할 수 있다.

그러나 첫째로 그들의 경험은 너무나 협소한 범위 내의 것인지도 모른다. 또한 그들은 그러한 경험을 올바르게 해석하지 못했는지도 모른다. 둘째로 경험에 대한 그들의 해석이 올바를지 모르지만 그들 이외의 사람들에게는 적합하지 않을 수도 있다. 원래 습관은 통례의 환경과 통례의 성격에 맞도록 만들어진다. 인간의 환경이나 성격은 통례의 것이 아닐 수도 있다. 셋째로 그러한 습관이 하나의 습관으로는 좋을 뿐만 아니라 그에게 적합하다고 할지라도 습관으로 습관에 따르는 것은 인간에게만 부여된 여러 능력 가운데 어느 한 가지도 자신 속에서 육성하고 발달시키지는 못한다.

지각, 판단, 감정, 정신활동 그리고 도덕적 선택을 포함한 인간의 여러 능력들은 스스로 선택이라는 행위를 할 때에만 연마된다. 무슨 일에서든 그것이 습관이기 때문에 하는 것뿐이라고 말하는 사람은 아무런 선택도 하지 않는 것이다. 이와 같은 사람은 최선의 것을 식별하든지 요구하는 훈련을 하지 못한다.

육체적 능력과 같이 정신적이며 도덕적인 능력은 사용함으로써 향상된다. 다른 사람들이 하기 때문에 자기도 그렇게 한다는 것만으로는 이러한 여러 능력은 조금도 훈련되지 않는다. 그것은 마치 어떤 사실을 다른 사람들이 믿고 있다는 이유만으로 믿는 것이다.

어떤 의견의 근거가 자신의 이성을 충분히 납득시키지 못함에도 불구하고 그것을 선택하는 것은 이성을 약화시키기 쉽다. 자신의 감정이나 성격에 적합하지 않은 동기로부터 행위를 한다면(애정이나 다른 사람의 권리가 관계되지 않은 경우), 그것은 그의 감정이나 성격을 활기 있고 열정적으로 만들지 못하고 도리어 생기 없고 무기력하게 만드는 데 도움이 될 뿐이다.

자신의 생활설계를 스스로 선택하지 않고 이 세상 사람들이나 자기 자신이 속하고 있는 세계의 일부 사람들이 선택해 주도록 일임하는 사람은 원숭이와 같은 모방의 능력 이외에는 어떠한 능력도 필요로 하지 않는다. 자신의 생활설계를 스스로 선택하는 사람은 그가 가진 모든 능력을 활용하는 것이다.

그는 무엇인가를 보기 위해서 관찰력을, 무엇인가를 예측하기 위해서 추리력과 판단력을, 어떤 일에 결단을 내리는 데 필요한 자료를 수집하기 위해서 활동력을, 무엇을 결단하는 데는 식별력을, 그리고 일단 결단을 내린 경우에는 곰곰이 생각해서 내려진 결단을 고수하려는 확고한 의지와 자제심을 발휘하지 않으면 안 된다.

자신의 판단과 감정에 따라서 결정하는 행위의 부분이 커지면 커질수록 이러한 능력을 필요로 한다. 그것을 실제로 발휘하는 힘도 커진다. 이러한 능력이 없더라도 올바른 길로 인도되고 그릇되며 해로운 길에 빠져들지 않는 일은 있을 것이다. 그러나 인간으로서 그의 상대적인 가치는 어떤 것일까? 무엇을 하느냐 뿐만 아니라, 그것을 하는 인간이 어떤 종류의 인간인지도 참으로 중요하다.

인간의 일생이 그것을 완성시키며 미화시키기 위하여 올바르게 사용되어야할 인간의 여러 가지 작품들 중에서 가장 중요한 것은 분명히 인간 그 자체다. 인간의 모습을 닮은 로봇으로 집을 짓게 하고, 곡식을 재배케 하고, 전투를 하게 하고, 소송에 대한 재판을 하게 하고, 심지어 교회를 건립하여 기도를 하게도 할 수 있다고 가정해 보자.

그렇게 가정한다 할지라도 오늘날 이 세계의 비교적 개명된 지방에서 살고 있으나 빈약한 표본에 지나지 않은 ― 확실히 자연이 낳을 수 있으며, 앞으로도 틀림이 없이 낳는 빈약한 표본에 지나지 않은 ― 이들 남녀조차도 그러한 자동기계로 교체된다면 적지 않은 손실일 것이다.

인간의 본성은 모형에 따라 만들어져 사전에 지정된 일을 정확히 하도록 설계된 기계는 아니다. 그것은 그 자체를 생명 있는 것으로 만들고 있는 내면의 힘의 추세에 따라서 모든 방향으로 성장하고 발전해 가지 않으면 안 되는 한 그루의 나무와도 같은 것이다.

자신의 이해력을 움직이게 하는 것이 바람직하다는 것과 습관에 이성적으로 따르며, 때로는 이성적으로 생각하여 습관으로부터 벗어나는 것이 맹목적으로 기계처럼 따라가는 것보다 낫다는 것은 누구나 인정할 것이다. 우리의 이해력은 마땅히 우리 자신의 것이어야 한다는 것도 어느 정도 인정되고 있다.

그러나 우리의 욕망이나 충동도 우리 자신의 것으로 되어야 한다는 것과 우리 자신이 아무리 강렬한 충동을 가진다 할지라도 그것은 결코 위험하지도 않으며 유혹에 빠질 함정이 아니라는 것은 그렇게 쉽사리 승인되지 않는다.

욕망과 충동은 신념이나 자제심과 마찬가지로 완전한 인간의 일부분을 이루는 것이다. 적당한 균형상태, 다시 말해 일련의 목적과 성향이 강력한 힘으로 발전되어 가는 대로 그것과 병행해서 나가야 할 다른 목적과 성향이 여전히 그 힘이 박약하고 활발치 못한 상태에 머물러 있을 때에만 강렬한 충동은 위험하게 된다.

사람들이 나쁜 행위를 하게 되는 것은 그들의 욕망이 강하기 때문이 아니라, 그들의 양심이 허약하기 때문이다. 강렬한 충동과 허약한 양심의 사이에는 자연적인 연결관계가 없다. 자연적인 연결관계는 다른 것이다.

어떤 사람의 욕망과 감정이 다른 사람의 그것들보다 더욱 강렬하며, 변화성이 풍부하다는 것은 그가 인간성의 소재를 보다 더 많이 가지고 있다는 것이다. 따라서 그는 남들보다 더 악한 일을 많이 할 수도 있고 더 선한 일을 많이 할 수도 있다. 강렬한 충동은 열정의 별명에 지나지 않는다. 열정은 잘못된 목적을 위해서 사용될 수 있을지 모른다. 그러나 열정적인 성격은 나태하고 무감각한 성격보다는 언제나 보다 더 많은 선을 낳을 수 있다.

자연스러운 감정들을 풍부하게 지니고 있는 사람들은 그것들이 배양되면 가장 강렬한 것으로 만들 수 있는 사람들이다. 개인적인 충동을 생기 넘치는 것으로 만드는 강렬한 감수성은 덕에 대한 가장 열렬한 애착과 가장 엄격한 자제심을 낳게 하는 원천이기도 하다.

이와 같은 감수성을 개발함으로써 사회는 그 의무를 다하며 이익을 옹호하게 된다. 그러나 영웅을 만들어 내는 방법을 사회가 모른다고 해서 사회가 영웅이 만들어지는 소재를 포기해 버려서는 안 된다. 자기 자신의 독자적인 욕망과 충동을 가지고 있는 사람은

— 성장을 통해서 발전되고 수정되어 온 본성의 표현이 곧 자신의 욕망과 충동으로 되는 사람은 — 개성을 가진 인물이라고 불린다.

독자적인 욕망과 충동을 갖지 못한 사람은 증기기관이 개성을 갖지 못하는 것처럼 전혀 개성을 갖지 못한다. 그의 충동이 자신만의 것이 아니라 강렬하며 강한 의지의 통제를 받고 있다면, 그러한 사람은 열정적인 성격의 소유자일 것이다. 여러 가지 욕망과 충동을 가진 개성의 열림, 즉 개성이 발전되는 것은 장려될 것이 아니라고 생각하는 사람이 있다면 그들은 다음과 같이 주장하게 될 것이다.

원래 사회는 다양한 본성을 필요로 하지 않으며 — 사실 사회는 다양한 성격을 가진 사람들이 많이 있다고 해서 그만큼 더 좋아지는 것도 아니다 — 열정의 일반적인 평균수준이 높은 것도 바람직한 것은 아니다.

초기 사회의 상태에서는 이와 같은 욕망이나 충동과 같은 힘은 당시의 사회가 가지고 있었던 그것을 훈련시키고 통제하는 힘을 훨씬 능가했을지도 모르며, 사실 능가한 경우도 있었다. 자발성과 개성의 요소가 지나치게 많아 사회적 규율이 그것과 심하게 싸운 시대가 있었다.

그 당시의 곤란은 강력한 육체와 정신의 소유자들을 유도해서 그들의 충동을 억제하기 위한 규칙에 복종케 하는 것이었다. 이와 같은 곤란을 극복하기 위해서 법률과 질서는 — 황제들과 싸우는 교황들처럼 — 전인격에 대한 지배권을 주장하고, 사람의 성격을 억제하기 위해서 사람의 생활 전체를 지배할 필요가 있다고 주장했다. 이 이외에는 그것을 통제할 수 있는 충분한 수단을 사회는 찾아내지 못했다. 그러나 오늘날에 와서 사회는 상당한 정도로 개성에 대해서 승리를 거두고 있다.

따라서 인간성을 위협하는 위험은 개인적인 충동이나 좋아하는 것이 지나치게 많다는 것이 아니라 그것들이 오히려 부족하다는 것이다. 사회적인 지위나 개인적인 재능으로 인해 강자였던 사람들의 열정은 법률이나 명령에 대해서 부단히 반항을 시도하게 되므로, 그들의 열정이 미치는 세력권 내의 사람들이 조금이라도 안정된 생활을 즐기기 위해서는 그 열정을 속박할 필요가 있었던 시대에 비해 크게 변화되어 있다.

현대에 있어서는 사회의 최고위층으로부터 최저층에 이르기까지 모든 사람들이 적의에 가득 차 있고, 소름 끼치는 감시 하에서 생활하고 있는 것 같다. 다른 사람에게 관계되는 일뿐만 아니라 그들 자신에게만 관계되는 일에 관해서도 개인이건 가족이건 다음과 같이 자문하지는 않는다.

내가 좋아하는 것은 무엇일까? 무엇이 나의 성격과 기질에 맞는 것일까? 무엇이 나 자신 속에 있는 가장 선하며 가장 고귀한 자질을 공정하게 활동케 하여 그 성장과 발전을 가능케 하는 것일까?

　그들은 도리어 다음과 같이 자문한다. 무엇이 나의 지위에 적합한 것일까? 나와 같은 신분과 경제상태에 있는 사람들이 보통 하고 있는 일은 어떤 것일까? 또는(더욱 좋지 못한 일이지만) 나보다 높은 신분과 경제상태에 있는 사람들이 하고 있는 일은 어떤 것일까?

　나는 그들이 자기 자신의 성향에 맞는 것보다 우선하여 관습적인 것을 선택한다고 말하는 것은 아니다. 그들에게는 관습적인 것 이외에는 어떤 성향을 갖는 것이 일어나지 않는다.

　이와 같이 정신 자체가 속박에 짓눌려 있다. 심지어 사람들은 오락에 대해서 생각할 때 조차도 가장 먼저 세상의 풍속에 따른다. 그들은 일반 대중이 좋아하는 것을 좋아한다. 그들은 세상에서 일반적으로 행해지는 것의 범위 내에서만 무슨 일을 선택한다. 특이한 취미를 가지고, 기이하고 괴상한 행위를 하는 것은 죄를 범하는 것처럼 기피된다.

　결국 자신의 천성에 따르지 않은 결과로 그들은 스스로 따라야 할 아무런 천성도 갖지 못하게 된다. 그들의 여러 가지 인간적인 능력은 위축되고 쇠퇴된다. 그들은 강렬한 욕망이나 자연적인 소박한 즐거움도 갖지 못하게 되며, 대개는 자신 속에서 자라난 의견이나 감정도, 또는 참으로 자신의 것이라고 할 수 있는 의견이나 감정도 잃어버리고 만다. 그러면 이것이 인간 본성의 바람직한 상태일까? 아닐까?

칼빈파의 이론에 의하면 이것은 바람직한 상태이다. 이 이론에 따르면 인간의 유일한 큰 죄악은 아집이다. 인간으로서 능히 할 수 있는 모든 선은 복종 속에 포함되어 있다. 그대들은 선택의 자유를 갖지 못한다. 그대들에게는 선택의 여지가 없다. 그대들은 명령받은 대로 이러이러하게 해야 하며 달리는 할 수 없다. 무슨 일이든지 의무가 아닌 것은 모두 죄악이다. 원래 인간성은 근본부터 부패되어 있기 때문에 내부에서 사라질 때까지는 누구에게도 구제의 여지는 없다.

이와 같은 인생관을 가진 사람에게는 인간의 지능과 재능, 그리고 감수성을 박멸시키는 것은 결코 죄악이 아니다. 인간은 신의 뜻에다 자신을 내맡기는 능력 이외에는 아무런 능력도 필요로 하지 않는다. 이른바 신의 의지를 한층 더 효과적으로 수행하는 것 이외의 목적을 위해서 자신의 능력을 사용한다면, 그러한 능력은 애초부터 없는 것만 못하다.

이상이 캘비니즘의 이론이다. 이러한 이론은 — 그 논조가 누그러진 형태이긴 하지만 — 자기 자신을 캘빈파의 교도로 생각하지 않는 많은 사람들에 의해서 신봉되고 있다. 누그러진 것은 이른바 신의 의지라는 것에 대해서 캘빈파의 교도처럼 금욕적인 해석을 하지 않고, 인간이 자신의 기호 중 일부를 만족시키는 것은 신의 의지라고 주장하는 점에 있다.

이런 경우에도 그것은 그들 자신이 좋아하는 방법에 의해서가 아니라 복종이라는 방법으로, 즉 권위자에 의해서, 지정된 방법에 의해서, 만인에게 동일하게 규정된다는 필연적인 조건에 의해서 만족시켜야 한다.

이와 같이 사람의 눈에 잘 띄지 않는 교활한 형태로 오늘날에는 도량이 좁은 인생관과 그것이 옹호하고 장려하는 도량이 좁고 고집이 강한 형의 성격으로 기울어져 가는 경향이 있다. 확실히 이처럼 속박되고 위축된 인간은 조물주가 의도한 본래의 인간상이라고 많은 사람들이 믿고 있다. 그것은 수목의 가지를 짧게 잘라 주든지, 동물의 모양으로 잘라 주는 편이 자연 그대로의 모습보다 훨씬 아름답다고 다수의 사람들이 생각해 온 것과 같다.

그러나 인간이 선한 존재에 의해서 창조되었다는 것을 믿는 것이 종교의 한 요소라면 선한 존재인 신이 인간적인 여러 가지 능력을 부여한 것은, 그것이 육성되어 발전되기 위함이지 뿌리째 뽑혀 소멸되기 위함이 아니라고 믿는 것이야말로 신앙과 일치된다.

신은 피조물이 그 속에 구현되어 있는 이상적 개념에 다소라도 가까이 접근하면 할수록, 그리고 그들이 이해와 활동 또는 향락의 능력을 증대시키면 시킬수록 기뻐하시는 것이라고 믿는 것이야말로 신앙과 일치된다.

세상에는 다 같이 뛰어난 인간형이라 하더라도 캘빈파의 그것과는 다른 형이 있다. 즉 인간의 천성은 단지 부정적으로 포기해 버리기 위해서가 아니라, 다른 여러 가지 목적을 위해서 부여되었다고 보는 인간관이 그것이다.

이 교도의 자기 주장은 그리스도 교도의 자기 부정[29]과 같이 인간의 가치를 구성하는 요소 중 하나이다. 세상에는 일종의 그리스적인 자아발전의 이상이라는 것이 있다. 플라톤적이며 그리스도교적인 자체, 즉 극기의 이상은 그것과 혼합되어 있기는 하지만 그 자리를 빼앗아 대신 들어설 수 없다. 알키비아데스와 같은 인물이 되기보다는 존 녹스와 같은 인물이 되는 편이 좋을지도 모른다.

그러나 그 양자의 어느 것으로 되기보다는 페리클레스와 같은

---

29 │ 스터링의 논문집 참조(John Sterling, Essays and Tales, ed Julius Hare, London, 1848, Vol, p, 190).

인물이 되는 것이 더 좋다. 현대에도 페리클레스와 같은 인물이 나타난다면 그는 일찍이 존 녹스가 가지고 있었던 미덕을 하나도 빠짐없이 갖추고 있을 것이다.[30]

인간이 숭고하고 아름다운 관조의 대상으로 되는 것은 자신 속에 있는 개성적인 것을 모조리 마멸시켜 한결같은 것으로 만드는 것에 의해서가 아니라 다른 사람의 권리와 이익을 고려해서 부과된 범위 안에서 개성적인 것을 육성하고 불러일으키는 것에 대해서이다. 그리고 인간이 하는 사업은 그것을 하는 사람들의 성격을 어느 정도 반영하는 것이다.

위에서 기술한 것과 동일한 과정을 거쳐 인간의 생활은 풍부해지고 다양해지며, 숭고한 감정과 사상에 풍부한 영양분을 부여해준다. 뿐만 아니라 종족이라는 것을 사람이 소속해야 할 무한한 가치가 있는 것으로 만들어 놓음으로써 개인을 종족과 결부시키는 연결고리가 발달함에 따라 자신에게는 한층 가치 있는 것으로 되며, 다른 사람에게도 가치 있는 것으로 될 수 있는 것이다.

자신이 살아가는 데 보다 충실한 생활이 넘치게 되며 그 각각의 단위 속에 활기가 넘치게 되면, 단위로 구성되는 집합체에도 활기

---

30 밀에게 있어 이러한 미덕은 녹스에 의해 나타났을 것이다.

가 넘치게 된다. 남달리 강한 인간성을 가지고 있는 사람들이 다른 사람의 권리를 침해하는 것을 방지하기 위해서 불가불 어느 정도의 억제가 필요하다. 그러나 인간의 성장과 발전이라는 관점에서 보더라도 충분히 이것을 보상해 주는 것이 있다.

다른 사람에게 위해하려는 성향을 만족시키려는 것이 저지 당함으로써 개인이 상실하게 되는 성장과 발전의 수단은 주로 다른 사람들의 발전을 희생시킴으로써 얻어지는 것이다. 자신에게 있어서도 성격의 이기적인 부분에 제약이 가해지게 되면, 그것에 의해서 사회적 부분의 큰 발전이 가능하게 되므로 자신이 잃어버린 것과 대등한 보상이 있게 된다.

다른 사람을 위하여 엄격한 정의의 규칙이 준수되는 것은 다른 사람의 행복을 자기 목적으로 하려는 감정이나 능력을 발달시킨다. 그러나 다른 사람을 불쾌하게 하는 것에 의해서 억제되는 것은 그 억제에 대한 반항 속에서 모습을 드러낼지도 모르는 성격의 힘을 제외하고는 가치 있는 것을 발달시키지 못한다. 그것에 아무 말 없이 복종해 간다면 인간 본성 전체가 둔하고 흐리멍덩하게 된다.

각자가 타고난 천성에 대해서 공정한 활동의 장을 부여하기 위해서는 서로 다른 사람들로 하여금 여러 가지 모양으로 생활하도록 허용하는 것이 필요하다. 어떤 시대이건 간에 이러한 자유가 어느 정도 행사되었는가에 따라서 그 시대는 후세의 주목이 되어 왔다. 전제정치라 할지라도 그 치하에 개성의 존재가 허용되는 한 최악의 결과가 초래되지 않는다.

따라서 개성을 파괴하는 것은 어떠한 이름으로 실행되는 것이라고 공언해도 모두 전제정치이다. 개성은 발달과 동일한 것이다. 개성의 육성만이 발달된 인간을 낳게 하는 것임은 이미 논술되었다. 따라서 이즈음에서 그것에 관한 논의를 끝맺는 것이 좋을지도 모른다. 왜냐하면 다음과 같은 생각이 들기 때문이다.

인간사회의 어떤 상태를 거론함에 있어서 인간 자신을 될 수 있는 한 최선의 것에 접근시키는 것은 가장 좋은 것이라고 말하는 것 이상으로 달리 표현할 것이 무엇이며, 그 이상의 찬사가 있을 수 있을까? 그것을 저해하는 상태는 행복에 대한 최악의 방해가 되는 것이라고 말하는 것 이상으로 무슨 말이 더해질 수 있을까?

그러나 분명히 이런 정도의 고찰만으로는 철저하게 확신을 갖고자 하는 사람들에게는 불충분할 것이다. 더 나아가서 발달된 사람들이 아직 덜 발달된 사람들에게도 무엇인가 도움이 된다는 것을 보여줄 필요가 있다.

자유를 원치 않고 스스로 자유를 이용하려고도 하지 않는 사람들에 대해서 그들이 아무런 방해도 하지 않고 다른 사람들로 하여금 자유를 누리게 한다면, 그들도 명백한 이득을 얻게 될 것이라는 사실을 지적해 줄 필요가 있다.

나는 먼저 그들은 이미 발달된 사람들로부터 무엇인가를 배울 수 있을 것이라는 사실을 지적해 두고 싶다. 독창성이 인간사회에서 귀중한 요소라는 것은 누구도 부정하지 않을 것이다.

이 세상에는 새로운 진리를 발견하여 지금까지는 진리였던 것이 이미 진리가 아닐 때, 이것을 지적할 뿐만 아니라 새로운 관습을 새로이 시작하여 인간 생활에서 보다 더 현명한 행위의 실례로 보여 주는 한편, 인생에 있어서 보다 더 세련된 취미와 감각의 실례를 보여 주는 인물이 언제나 필요하다.

이 세계가 모든 생활방법이나 관습에 있어서 이미 완성의 경지에 도달되어 있다고 믿지 않는 한 이러한 사실은 좀처럼 반대하지 못할 것이다. 이와 같은 혜택은 모든 사람들이 똑같이 이 세상에 베풀 수 있는 것이 아니다. 자기의 실험이 다른 사람들에게 채용될 경우 종래의 관습을 어느 정도로 개선시킬 수 있는 사람은 인류 전체에 비해 극소수에 불과하다.

그러나 이들 소수자는 이 땅의 소금이다. 이들이 없다면 인간의 생활은 침체되어 썩은 물웅덩이와 같이 되고 말 것이다. 이들은 이전에 존재하지 않았던 선한 것을 가져다 줄 뿐만 아니라, 이전부터 존재해 오던 선한 것에 줄곧 생명을 불어넣어 주는 사람들이다.

이 세상에 새로워져야 할 일이 없다면 인간의 지성은 불필요하게 될 것인가? 새로워져야 할 일이 없다는 것이 예부터 전해 내려오는 일을 하는 사람들이 어찌하여 그것을 하는가를 망각하고, 인간답지 못하게 짐승처럼 그것을 하지 않으면 안 된다는 이유로 되는 것일까?

유감스럽게도 가장 훌륭한 신앙이나 관습이 기계적인 것으로 타락할 경향은 강해 보인다. 언제나 독창성에 의해서 이와 같은 신앙이나 관습의 근거가 단순히 인습적인 것으로 되어 버리는 것을 방지하는 사람들이 속출하지 않는 한 이와 같이 생명력을 상실한 신앙과 관습은 생명력을 가지는 것으로부터 극히 사소한 충격만 받아도 견뎌내지 못하게 될 것이다.

비잔틴 제국의 예에서 보는 바와 같이 문명이 완전히 사멸하지 않을 이유는 없다. 천재는 극소수이다. 언제나 그렇게 되는 것이 진실이다. 그러나 소수의 천재를 확보하기 위해서 천재가 자랄 수 있는 토양을 보존하는 것이 필요하다. 천재는 오직 자유로운 분위기 속에서만 자유롭게 호흡할 수 있다. 천재적 인물은 천재라는 이유 때문에 다른 어떠한 사람들보다 훨씬 더 개성적이다.

사회가 구성원들로 하여금 각자 독특한 자신의 성격을 형성하는 수고를 덜어주기 위하여 제공하는 적은 수의 유형들 중 어느 것인가에 천재들이 자신을 적응시키려고 한다면, 다른 사람들보다 더 해로운 억압을 받게 될 것이다.

그들이 비겁한 마음에서 이러한 유형들 중의 어느 것인가에 속하는 것에 동의하고, 그와 같은 억압에서 자신의 소질을 충분히 발달시키지 않은 채로 방치해 두는 데 동의한다면, 사회는 천재들에 의해서 아무런 이익도 얻지 못하게 될 것이다.

그들이 강한 성격의 소유자들이어서 그 속박을 타파하게 될 때, 그들은 그들을 평범한 사람으로 만드는 데 성공하지 못한 사회의 요주의 인물이 되어 난폭한 야만인이니 별난 사람이니 하는 경고의 말과 더불어 지탄의 대상이 될 것이다. 그것은 나이아가라 폭포가 네덜란드의 운하처럼 두 개의 둑 사이를 잔잔하게 흘러 내려가지 않는다고 비난하는 것과 같다.

나는 천재의 중요성과 천재로 하여금 사상과 실천의 양면에서 자유롭게 재능을 발휘케 할 필요성을 강조한다. 아무도 이론적으로 이러한 주장을 부정하려 하지 않는다는 것을 잘 알고 있다. 그러나 실제로는 거의 모든 사람들이 이러한 주장에 대해서 무관심하다는 것도 잘 알고 있다.

천재의 재능이 인간으로 하여금 감동적인 시를 쓰게 하거나 그림을 그리게 할 때는 훌륭한 것으로 평가된다. 그러나 천재의 참된 의미에서, 즉 사상이나 행동에서의 독창성이라는 의미에서 누구도 겉으로는 천재를 찬양해야 할 존재로 볼 것이 아니라고 말하지 않아도 내심으로는 그런 인물이 없어도 조금도 생활에 지장이 없다고 생각한다.

불행히도 이러한 태도는 너무나 자연스러워 누구도 이상하게 여기지 않는다. 독창성은 독창성이 없는 사람들이 그 효용을 감지할 수 없는 유일한 것이다. 독창성이 없는 사람들은 독창성이 그들에게 무슨 도움을 주는지 좀처럼 깨닫지 못한다. 어떻게 그들이 그것을 깨달을 수 있겠는가? 독창성이 그들에게 어떤 도움이 되는가를 그들이 깨달을 수 있다면 그것은 이미 독창성이 아닐 것이다.

독창성이 없는 사람들을 위하여 해 주어야 할 첫 번째의 봉사는 그들의 눈을 뜨게 해 주는 것이다. 이런 일이 충분히 수행된다면 그들은 스스로 독창적이 될 기회를 갖게 될 것이다.

그러한 시기가 도래할 때까지는 무슨 일이든지 누군가가 먼저 솔선하지 않는 한 어떠한 일도 이루어진 적이 없다는 것과, 현존하는 선한 것들은 모두 독창성의 성과라는 사실을 상기하여 겸허한 태도로 앞으로도 독창성이 성취시켜야 할 일이 남겨져 있다는 것을 믿어야 할 것이다. 그들이 독창성의 결여를 느끼는 일이 적으면 적을수록 그만큼 그들은 독창성을 필요로 한다는 사실을 확신해야 할 것이다.

좀더 깊이 있게 말하면 실제적으로나 가상적으로 생각되는 정신적 우월성에 대해서 어떤 말로 경의가 표해지거나 마음속으로 경의가 표해진다 하더라도, 전 세계를 통해서 보여지는 사회의 일반적 경향은 평범한 사람들에게 우세한 힘을 준다. 고대사 가운데 중세에서도 개인은 그 자체로서 하나의 독립된 힘이었다. 그가 위대한 재능이나 높은 사회적 지위를 가질 때 결코 무시할 수 없는 힘이었다.

현대에서 개인은 군중 속에 매몰되어 있다. 정계에서 여론이 세상을 지배한다는 것은 낡고 죽은 말이 되었다. 힘이라고 불릴만한 유일한 것이 있다면 그것은 일반 대중의 힘이다. 정부가 일반 대중의 경향이나 성향을 반영해 주는 기관으로 되어 있는 한 그것은 정부의 힘이기도 하다. 이것은 공적 업무에서와 같이 사생활의 도덕적이며 사회적인 관계에 있어서도 그대로 부합된다.

그들의 의견이 여론이란 이름으로 통하는 사람들도 언제나 같은 종류의 공중은 아니다. 미국에서 그들은 백인에 한정되어 있다. 영국에서는 주로 중산계급이 그들이다. 그러나 그들은 언제나 대중이다. 다시 말하면 그들은 평범한 사람들의 집단이다. 주목할 만한 사태가 있는데 오늘날 이러한 대중은 교회나 국가의 높은 지위에 있는 사람들로부터, 표면에 나타나 있는 지도자들로부터, 또는 서적으로부터 그들의 의견을 취하지 않는다.

그들의 사고작용은 그들 자신에 의해서가 아니라 그들 자신과 매우 유사한 사람들에 의해서 이루어진다. 그러한 사람들은 그때그때 마음 내키는 대로 신문을 통해서 대중에게 의견을 전하든지 대중의 이름으로 연설을 한다.

나는 이 모든 것들을 개탄하지 않는다. 일반적으로 말해 현재와 같이 인간 정신의 정도가 낮고 용렬한 상태와 양립할 수 있는 것으로 이것보다 더 훌륭한 것이 있다고 주장하지도 않는다. 그러나 그러한 상태에서는 평범한 사람이 구성하는 정부가 평범한 정부로 추락하는 것을 막을 수는 없다.

주권을 가진 다수자가 자기네들보다 훌륭한 재능과 교양을 갖춘 한 사람 또는 소수자의 충고와 감화에 의해서 지도되지 않는 한(다수자가 가장 훌륭한 정치를 하고 있던 시대에 그들은 언제나 그와 같이 지도되었다.) 민주제나 다수 귀족에 의거하는 정치일지라도 그것이 가지고 있는 사상이나 자질이나 정신상태에 있어서도 평범한 정치 활동 이상의 것으로 된 적은 한 번도 없었으며, 실제로 그렇게 될 수도 없었다.

현명하거나 고상한 모든 일은 개인에 의해서 창시되며 그렇게 되어야 한다. 일반적으로 그것은 처음에는 개인에 의해서 이루어지고 있다. 보통 사람이 그러한 창시자에게 따라갈 수 있다는 것과 현명하고 고귀한 일에 대해서 마음속으로부터 공명할 수 있고, 충분한 이해 속에서 그런 것에 인도될 수 있다는 것은 그의 명예이며 영광이기도 하다.

나는 천재적 소질을 가진 강자가 세계의 정치를 힘으로 장악하여 세계의 의지를 전적으로 무시하고, 자신의 명령을 강행케 하려는 데 박수갈채를 보내는 영웅 숭배[31]를 장려하지 않는다. 그러한 강자가 요구할 수 있는 것은 방향을 제시할 자유뿐이다. 그런데 다른 사람들로 하여금 강제로 그러한 길을 걷게 하는 권력은 그를 제외한 다른 모든 사람들의 자유나 발전과 양립하지 않을 뿐만 아니라, 강자 자신도 타락시키는 것이다.

그러나 온전히 보통 인간만으로 구성된 대중의 의견이 도처에서 우세하게 되거나 그렇게 되어 갈 때, 사상적으로 탁월한 입장에 있

---

31 이것은 Thomas Carlyle의 영웅과 영웅 숭배론(Heroes, Hero worship and the Heroic in History, 1841)을 가리키는 것 같다.

는 사람들의 개성이야말로 이러한 경향을 견제하며 교정 작용을 하는 것이라고 생각된다. 이와 같은 상황에서 특히, 보통과는 다른 예외적인 개인이 일반 대중과는 다른 행동을 취하는 것이 저지되지 않고 장려되지 않으면 안 된다.

다른 시대에 있어서는 그 예외적인 개인이 단지 일반 대중과 다른 행동을 취할 뿐만 아니라, 일반 대중보다도 더 훌륭한 행동을 취하지 않는 한 그들의 행동은 아무런 이익도 가져오지 않는다. 현대에 있어서는 사람들에게 동조하지 않는다는 실례만으로, 다시 말해 관습 앞에 무릎을 꿇는 것을 거부하는 것만으로 그 자체가 하나의 공헌이 된다.

여론의 압제는 보통과 다른 이례적인 행위를 하는 것을 비난의 대상으로 할 정도로 매우 심한 것이다. 그와 같은 압제를 타파하기 위해 사람들이 보통과 다른 이례적인 행위를 취하는 것이 바람직하다. 강한 성격의 소유자가 사회에 충만했던 때와 장소에서는 언제나 보통과는 다른 이례적인 행동을 하는 사람들이 많았다.

따라서 사회가 포함하고 있는 보통과는 다른 이례적인 행위를 하는 양은 그 사회가 가지고 있는 천재의 정신적 활력, 그리고 도덕적 용기의 양과 비례하는 것이 보통이다. 감히 보통과는 다른 이례적인 행위를 하려는 사람들이 오늘날 그렇게 적다는 것은 이 시대의 커다란 위험을 말해 주는 것일 수 있다.

나는 앞에서 습관적으로 되어 있지 않은 일들에 대해서 그것들 중 어느 것이 습관으로 되어지기에 적합한가 적합하지 않은가가 앞으로 분명해지도록 하기 위해서 그러한 일에 가능한 자유로운 활동의 장을 마련해 주는 것이 중요하다고 말했다.

그러나 행동의 자유와 습관의 무시가 장려될 만하다는 것은 그런 것보다 더 좋은 행동양식과 일반 사람들에게 채용될 만한 보다 더 좋은 습관을 생각해 낼 기회를 부여해 주기 때문만은 아니다. 자기 자신이 생각하는 방식대로 영위해 갈 정당한 권리를 가지는 것은 뛰어나게 우월한 정신의 소유자만은 아니다.

모든 인간 존재가 하나의 또는 소수의 틀에 맞추어서 형성되어지지 않으면 안 될 이유는 없다. 어느 정도의 상식과 경험을 가지고 있다면 이런 경우에 자신의 방식으로 자신의 생활을 설계해 가는 것이 가장 바람직할 것이다. 그것은 본래 그러한 방식 자체가 가장 좋기 때문이 아니라 그것은 자기 자신의 것이기 때문이다.

인간은 양과 같은 존재가 아니다. 하물며 양조차도 어떤 놈이 어떤 놈인지 분간할 수 없을 정도로 닮지는 않았다. 사람은 양복이나 구두를 맞출 때 자신의 체형과 치수에 맞게 만들게 하든가 창고에 가득 차 있는 것들 중에서 골라내지 않는 한, 자기 몸에 꼭 맞는 것을 손에 넣을 수 없을 것이다.

사람을 한 생활의 틀에 맞추어서 생활케 하는 것이 한 벌의 옷을 맞추는 것보다 더 쉬울 수 있을까? 인간은 육체와 정신의 구조에 있어서 발의 생김새보다 훨씬 더 서로 닮아 있는 것일까? 사람들이 취미를 갖는 일에서만 서로 다르다 하더라도 그것만으로도 모든 인간들을 하나의 틀 속에 맞추려 해서는 안 된다는 충분한 이유가 된다.

그러나 사람들이 다름에 따라서 정신적 발전을 위해서 필요한 조건도 달라진다. 그들 모두가 동일한 정신적인 환경과 풍토 속에서 건전하게 생활해 갈 수 없는 것은 모든 종류의 식물이 동일한 물질적 환경과 풍토 속에서 건전하게 성장할 수 없는 것과 같다. 동일한 사물이라도 어떤 사람에게는 고상한 본성을 계발시키는 데 도움이 되지만 다른 사람에게는 그것을 방해하는 것으로 될 수 있다.

동일한 생활양식이라도 어떤 사람에게는 그의 모든 행동과 향락의 능력을 최선의 상태로 유지해 갈 수 있는 건전한 자극이 되지만, 다른 사람에게는 이와는 반대로 그의 내적 생활의 모든 것들을 정지시키거나 파괴시키고 정신을 혼란하게 하는 일종의 장애물이 될 수 있다.

어떠한 원천으로부터 쾌락을 이끌어 내느냐 하는 점에서 고통에 대한 감수성이라는 점에서도, 그리고 여러 가지 육체적이며 정신적인 요인에 의해서 미치게 되는 영향이라는 점에서도, 사람과 사람 사이의 차이는 이와 같이 매우 크다. 이것에 대응할 만한 차이가 인간의 생활 속에 존재하지 않는다면 사람들은 그들의 정당한 행복의 몫을 차지할 수 없을 것이며, 그 천성이 허용하는 한 지적이고 도덕적이며, 미적인 능력을 충분히 성장시킬 수 없을 것이다.

그렇다면 공중의 감정에 관한 한 지지자가 많다는 것을 내세워 사람들에게 묵묵히 복종을 강요하는 취미와 생활양식만이 너그럽게 받아들여져야 하는 것일까? 취미의 차이가 전적으로 허용되지 않는 곳은(몇몇 수도원을 제외하고) 어디에도 없다. 보트 타기, 흡연, 음악, 운동, 장기나 트럼프 놀이, 또는 학문연구의 어떤 것을 좋아하거나 좋아하지 않아도 비난받지 않는다.

왜냐하면 이러한 것들 중 어느 것을 좋아하는 사람들과 좋아하지 않은 사람들은 모두 상대방을 이래라 저래라 할 수 없을 정도로 수가 많기 때문이다. 그러나 아무도 하지 않는 일을 한다든가 모든 사람들이 다 하는 일을 하지 않는다는 이유로 비난을 받는 사람은 중대한 도덕적 범죄라도 저지른 것처럼 세상 사람들의 비난의 대상이 된다.

그 사람이 여성인 경우에는 더욱 그러하다. 자기 자신에 대한 평판을 손상시키지 않고 자기가 좋아하는 대로 행동하는 일종의 사치에 빠져 버릴 수 있게 되기 위해서 그럴듯한 높은 직함이라든가, 자신의 신분을 말해 주는 훈장이라든가, 신분이 높은 사람들의 은총을 입고 있다는 것을 나타내 주는 어떠한 상징을 필요로 한다.

어느 정도 그러한 사치에 빠져 버릴 수 있게 되기 위해서라고 나는 되풀이해서 말한다. 이렇게 되풀이해서 말하는 까닭은 누구든지 그런 것에 너무 심하게 빠져 버리게 되면 모욕적인 비방의 말보다 훨씬 더 나쁜 것에 봉착될 가능성이 있기 때문이다. 그들은 정신감정위원회에 회부되어 자신의 재산을 몰수당해 친척들에게 나누어지는 것과 같은 두려움 앞에 놓이기 때문이다.[32]

현대 여론의 경향에는 하나의 특징이 보여진다. 그것은 특히 개성을 뚜렷이 표현하는 것에 대해 관용을 베풀지 않는다는 점이다. 보통 일반 사람들은 지성의 면에서만 평범할 뿐만 아니라 그 정신적 경향의 면에서도 평범하다. 그들은 무엇인가 남다른 이례적인 일을 해보려고 할 정도로 강렬한 취미나 욕구를 가지고 있지 못하다. 따라서 그들은 그와 같은 취미나 욕구를 가지고 있는 사람들을 이해하지 못하고, 그러한 사람들을 모두 그들이 평소에 경멸하고 있는 야비하고 무절제한 사람들과 같은 종류의 사람들로 간주한다.

이것은 널리 알려져 있는 일반적인 사실이지만 이 사실에 첨가해서 도덕의 개선을 지향하는 강력한 운동이 이미 시작되었다고 상상해 보기로 하자. 이렇게 상상해 보는 것만으로 우리가 그것으로부터 어떠한 결과를 기대하지 않으면 안 될 것인가는 분명하다.

오늘날 그와 같은 운동은 실제로 이미 시작되어 있다. 행위를 통제하는 규칙성을 증가시켜 탈선적인 행위를 억제하는 점에서 실제로 많은 효과들을 거두고 있다. 박애정신도 널리 보급되어 있다.

---

32 이 근년에 이르러 사람이 법적으로 금치산의 선고를 받든지, 소송비용(이것은 재산 자체에 부과되는 것이지만)을 능히 지불할 만한 재산(유산)이 있음에도 불구하고 사람이 죽은 후 재산처분권이 무시당하는 경우에 증거로써 제출되는 것에는 타기할 만한 또는 깜짝 놀랄 만한 무엇인가가 있다. 고인의 일상생활의 온갖 사소한 일까지 꼬치꼬치 캐내어 이 세상에서 가장 못난 사람들의 인식능력과 감식능력을 통해서 보아 평범하고 상투적인 것에 조금이라도 어긋나 보이는 무엇인가가 발견되면, 그것은 모조리 정신 이상의 증거로써 배심원 앞으로 제출되는데 그것이 가끔 성공을 거두기도 한다. 그 까닭은 배심원이라는 사람들은 물론 이러한 증인들처럼 어리석고 무지하지는 않더라도 비슷한 사람들에 지나지 않기 때문이다. 또한 판사들이란 사람도 인간 본성과 인간생활에 관한 지식이 너무나 놀랄 정도로 결여되어 있어 이것이 가끔 배심원들의 오해를 촉진시켜 주기 때문이다. 이와 같은 재판은 인간의 자유에 관해서 일반인들이 어떠한 감정과 의견을 가지고 있는가를 여실히 보여 주고 있다. 판사들과 배심원들도 좀처럼 개성을 존중하려 하지 않는다. 즉 다른 사람들에게 관계되지 않은 일에는 자신의 판단과 기호에 따라서 자유롭게 행동할 수 있다는 각 개인의 권리를 존중하려 하지 않는다. 심지어 그들은 건전한 정신상태에 있는 사람은 능히 이러한 자유를 바랄 수 있다는 것을 생각할 수조차 없다. 옛날에 무신론자들을 화형에 처하자는 제의가 나왔을 때 자비심이 많은 사람들이 그를 화형에 처하는 대신 정신병원으로 보내자고 하는 것이 보통이었다. 오늘날에도 이것과 동일한 일이 행해지는 것을 보더라도 조금도 이상하게 여길 사람은 없을 것이다. 또한 이와 같이 행한 사람들이 종교 때문에 이들 불행한 사람들에게 박해를 가하는 대신에 극히 인도적이며 그리스도교적인 방법으로 그들이 응분의 벌을 받았다는 것에 무언의 만족을 나타내는 것을 본다고 해도 조금도 놀라운 일은 아닐 것이다.

이러한 정신의 발휘를 위해서 동포들의 도덕심과 조심성 있는 마음을 개선시키는 것이 가장 유혹적인 활동영역이다.

이와 같은 시대의 경향 때문에 공중은 과거의 어떠한 시대에서보다 더 열심히 행위의 일반적인 규칙을 정하여 일정한 기준에 모든 사람들을 따르게 하려고 하고 있다. 그 기준은 명시적이거나 묵시적이거나 아무런 일도 강력하게 요망하지 않는다. 그것이 이상적인 성격으로 하는 것은 유별나게 뚜렷한 성격을 갖지 않는다는 것이다. 남달리 뛰어나서 그 인간을 보통 평범한 인간과는 아주 다른 것으로 돋보이게 하는 인간 본성의 온갖 부분을 중국 부인들의 발처럼 압박하여 불구가 되게 하는 것이다.

바람직한 것의 반쪽을 배제하고 있는 이상의 사례는 언제나 있는 것이지만, 현대에 옳다고 인정하는 표준은 나머지 반쪽에 대한 저열한 모방을 낳을 뿐이다. 그러한 모방의 결과는 활발한 이성의 작용에 의해서 인도되는 위대한 열정과 양심적인 의지에 의해서 억제되고 있는 강렬한 감정 대신, 의지나 이성의 힘에 의거하지 않고 규칙에 외관상으로만 순응하는 데 그치는 박약한 감정과 빈약한 열정이 조성될 뿐이다.

다소 규모가 큰 열정적인 성격은 이미 전설적인 것으로 되어 가고 있다. 지금 우리나라에 있어서 산업계 이외에 열정을 쏟을 곳은 거의 없다. 이 산업계에서 소비되는 열정은 아직도 상당한 것 같다. 여기에 소비되고도 남은 근소한 열정은 어떤 종류의 도락에 충당되고 있다. 그것은 유익하며 박애적인 도락일 수 있다. 그러나 그것은 언제나 일종의 도락이며, 대개는 소규모의 도락이다.

오늘날 영국의 위대성은 모두 집단적인 위대성이다. 우리는 개인적으로는 약소하며, 결합의 힘에 의해서 무엇인가 위대한 일을 할 수 있는 것처럼 보여지는 것에 지나지 않는다. 우리나라의 도덕적인 또는 종교적인 박애주의자들은 이것으로 완전히 만족하고 있다. 그러나 오늘에 이르기까지 영국을 구축해 온 사람들은 이와는 다른 형의 사람들이었다. 영국의 쇠퇴를 막기 위해서는 이러한 상이한 형의 사람들이 필요할 것이다.

어느 곳에서나 습관의 압제는 인간의 진보를 끊임없이 방해하는 것이다. 그것은 단순히 습관적인 것보다 더욱 좋은 것으로 지향하려는 성향, 즉 자유의 정신이나 진보 내지 개선의 정신이라고 불리는 성향에 대해서 부단히 대립되고 있다. 개선의 정신이 반드시 자유의 정신은 아니다. 왜냐하면 개선을 원치 않는 대중에게 개선의 정신을 강요할 수 있기 때문이다.

따라서 자유의 정신은 인위적으로 꾸며내려는 일에 반항하는 한 개선에 반대하는 사람들과 국부적으로 또는 일시적으로 손을 잡을 수도 있다. 그러나 개선을 낳게 하는 확실하고도 영속적인 유일한 원천은 자유이다. 왜냐하면 자유가 있으면 그곳에는 개인의 수와 같은 정도로 많은 개선의 중추적인 힘이 되는 존재가 생겨날 수 있을 것이기 때문이다.

그러나 진보의 원리가 자유의 사랑이라는 형태를 취하거나 개선의 애착이라는 형태를 취하거나 간에 그것은 언제나 습관의 지배에는 반대하는 것이다. 적어도 그것은 습관의 속박으로부터 해방을 요구하고 있다. 그리고 이 양자의 싸움은 인류 역사의 주된 관심사로 되어 있다. 정확히 말해서 세계의 대부분은 역사를 갖지 못하고 있다 할 것이다. 왜냐하면 습관의 압제가 너무나 완벽하게 행해지기 때문이다. 동양 전체가 이와 같은 상태에 있다.

동양에서는 무슨 일에서든지 습관이 최후의 법칙을 삼을 만한 근거가 되고 있다. 정의나 공평은 습관에 일치되는 것을 의미한다. 권력의 맛에 도취되어 있는 폭군이 아닌 한 습관이 요구하는 것에 반항하려는 자는 한 사람도 없다. 그 결과는 우리가 보는 바와 같다.

그러한 국민들도 한때는 독창성을 가지고 있었음에 틀림없다. 그들도 처음부터 인구가 밀집되고 교육이 널리 보급되고, 많은 생활 기술에 숙달된 국토에서 태어난 것은 아니다. 그들은 이러한 모든 것을 스스로의 손으로 만들어 내었다. 당시에 그들은 세계에서 최대이고 최강의 국민이었다.

그들은 오늘날 어떻게 되어 있는가? 그들은 그들(동양인)의 조상이 장엄한 궁전이나 화려한 사원을 가지고 있었던 때만 하더라도 아직 숲 속을 방황하고 있던, 그러나 습관에 전적으로 지배되지 않고 자유와 진보를 아울러 누리고 있던 사람들을 조상으로 가진 종족의 신민이나 예속민의 신세로 전락해 있다.

국민들 중에는 일정한 기간 동안은 진보하지만 머지 않아 그 진보가 정지되는 자도 있을까? 그것은 국민이 개성을 갖지 못하게 될 때이다. 동양에서와 똑같은 변화가 유럽의 여러 국민들에게서 일어난다고 할지라도 그 변화는 전적으로 동일한 모습을 취하지는 않을 것이다.

여러 유럽 국민들을 위협하고 있는 습관의 압제는 부동적이며 불변적인 것은 아니다. 그것은 특이성, 즉 이상한 것은 배척하지만 모든 것이 동시에 변화하는 한에 있어서는 결코 변화를 배척하지 않는다. 우리는 이미 우리의 조상이 대대로 입어 온 고유한 복장을 버린 적이 있다. 오늘날에도 모든 사람들은 다른 사람들과 같은 복장을 해야 한다.

유행이라는 것은 1년에 한두 번씩 변할지도 모른다. 이리하여 우리는 그러한 변화가 일어날 때 그것은 어디까지나 변화를 위한 변화지 아름다움이나 편리함에 대한 생각에서 생겨난 변화로 되지 않도록 유의한다. 왜냐하면 미나 편리에 대한 동일한 생각이 동일한 순간에 세상의 모든 사람들의 마음속에 떠오르고 다른 순간에 모든 사람들에 의해서 포기되어지는 일은 있을 것 같지 않기 때문이다.

그러나 우리는 무엇인가를 변화시킬 수 있는 진보적인 국민이다. 우리는 기계에 관한 면에서 끊임없는 새로운 발명을 하여 그것을 줄곧 보유해 가고 있다. 그러한 것들도 머지 않아 보다 더 우수한 것의 발명에 의해서 대체될 것이다. 우리는 정치나 교육의 개선에 대해서 심지어 도덕의 개선에 대해서도 열성적이다.

도덕 개선의 경우에 있어도 우리가 생각하는 개선은 주로 다른 사람들에게 우리 자신과 같이 선량하게 되라고 설득하고 강제하는데 있다. 어쨌든 그러한 것의 개선에도 우리는 열성적이다. 우리가 반대하는 것은 진보에 대해서가 아니다. 반대로 우리는 지금까지 존재해 온 모든 국민들 중에서 가장 진보적인 국민이라고 자부하고 있다.

우리가 맞서 싸우려는 것은 개성에 대해서이다. 우리 자신을 모두 똑같은 인간으로 만들 수 있다면, 우리는 마치 기적이라도 이룩한 것으로 생각할지도 모른다. 이런 경우에 일반적으로 개개인이 서로 다르게 되어 있다는 사실은 개개인으로 하여금 자신의 불완전성에 주의를 기울이게 하며, 다른 사람의 우월성에 대해서 자기와 다른 사람의 장점을 서로 결합시켜서 어느 것보다 우월한 것을 만들어 낼 수 있다는 것에 주의를 하는 것이 무엇보다 더 긴요하다는 것을 잊어버리고 있는 것이다.

우리는 중국의 경우에서 하나의 교훈적 실례를 찾아볼 수 있다. 지혜롭고 문화가 발달된 유럽 사람들조차도 어떤 점에서는 이구동성으로 중국인이 현인이나 철인의 칭호를 붙인 사람들에 의해서 만들어진 매우 훌륭한 습관을 건국 초기에 접할 수 있었다는 것은 보기 드문 행운으로 여기며, 풍부한 재능과 더불어 다른 어떤 부분에서는 지혜를 가진 국민이라 칭하기도 한다.

중국인은 그 사회의 지혜를 가장 많이 터득하고 있는 사람들을 어김없이 명예와 권세의 지위에 오르도록 보장하는 탁월한 제도를 가지고 있었다는 점에서 주목할 만한 국민이다. 확실히 이와 같은 일을 성취한 국민은 인류의 진보의 비밀을 발견했다. 그들은 착실히 세계의 움직임의 선두 지위를 당연히 보유했어야 했던 사람들이었다.

그러나 실제로는 그와는 반대로 그들은 정지상태로 되어 버렸다. 수천 년 동안이나 그러한 정체 상태는 조금도 변함 없이 줄곧 지속되고 있는 형편이다. 그들이 이 이상으로 개선되는 일이 있다고 하면 그것은 틀림없이 외국인들에 의해서 되어질 것이다.

그들은 영국의 박애주의자들이 그처럼 열심히 노력하고 있는 일에서, 즉 모든 국민을 같은 인간으로 만들고 모든 사람들로 하여금 동일한 격언이나 규칙에 의해서 자기의 사상과 행동을 통제하도록 만드는 일에서 희망했던 것 이상으로 성공을 거두었다.

그 결과는 위에서 말한 바와 같다. 여론이라고 하는 근대적 제도는 중국의 교육과 정치제도가 조직적인 형태로 하던 것을 비조직적으로 행하는 것에 지나지 않는다. 개성이 이와 같은 속박에 항거하여 자기를 주장하는 일에 성공을 거두지 못한다면, 유럽은 고귀한 조상과 널리 공인된 그리스도교를 가지고 있음에도 불구하고 미래에 제2의 중국이 되는 것을 좀처럼 면치 못할 것이다.

이제까지 유럽을 이러한 운명에 빠지지 않도록 보존해 온 것은 무엇일까? 유럽의 여러 국민들을 인류 중의 정체된 부분이 아니라 진보하는 근본으로 만든 것은 무엇일까? 그들에게 무엇인가 남달리 뛰어난 우월성이 있기 때문은 아니다. 그와 같은 우수성이 있다고 해도 그것은 원인으로서가 아니라, 어디까지나 결과로서 존재하는 것이다.

그들은 성격과 교양 면에서 참으로 놀랄 정도의 다양성을 가지고 있었다. 이 사실이야말로 그 원인이 된다. 개인과 계급, 그리고 국민 서로가 전혀 같지 않았다. 그들은 실로 여러 종류의 다양한 길을 개척했다. 그것은 어느 정도 가치 있는 것으로 통하고 있었다.

어떤 시대에 있어서도 서로 다른 길을 걸어가는 사람들은 관용의 정신을 잃어버리고, 자기 이외의 다른 모든 사람들을 자기와 같은 길을 걸어가도록 강제할 수 있다면 얼마나 좋을까 하고 생각했을 것임에 틀림이 없다.

그러나 상호간의 발전을 방해하려는 그들의 기도는 결코 영구적인 성공을 거두지 못했다. 따라서 각자는 결국 다른 사람이 제공해 준 선을 받아들이게 되었다. 나의 판단에 의하면 유럽이 진보적이며 여러 면으로 발전을 이룩할 수 있었던 것은 전적으로 위에서 기술한 바와 같은 진로의 다양성 덕분이라 하겠다. 하지만 오늘날 유럽은 이와 같은 이점을 이미 상당한 정도로 상실하고 있다.

유럽은 분명히 모든 사람들을 하나같이 동일하게 만들어 보려는 중국의 이상을 향해서 나아가고 있다. 드 토크빌은 그의 최후의 저서 속에서 오늘의 프랑스 사람들은 바로 한 세대 전의 프랑스 사람들과 비교해 보아도 엄청나게 서로 유사하게 되었다[33]고 기술하고 있다.

이와 똑같은 논평은 영국인에 대해서는 더욱 가혹하게 가해질 수 있을 것이다. 앞서 인용한 바 있는 빌헬름 폰 훔볼트[34]의 말 속에서도 그는 사람들을 서로 닮지 않게 하는 것이 필요하다는 이유에서 인류의 발전에 필요한 조건으로 두 가지를 지적하고 있다.

자유와 상황의 다양성, 이 두 조건 중에서 둘째 것은 영국에서는 날마다 감소되어 가고 있다. 서로 다른 계급과 개인을 포용하고 그것들의 성격을 형성하는 환경은 날마다 더욱 동화되어 가고 있다.

예전에는 신분을 달리하고, 이웃을 달리하며 직업을 달리하는 사람들은 제각기 다른 세계라 부를 수 있을 정도로 다른 환경 속에서 생활하고 있었다. 오늘날 그들은 거의 동일한 세계에서 살고 있다. 상대적으로 말하면 그들은 오늘날 같은 것을 읽으며 같은 것에 귀를 기울이고, 이러한 것들을 주장하는 같은 수단을 가지고 있다.

아직도 남겨져 있는 지위의 차이는 크다고 하겠지만 이미 사라져 버린 것에 비하면 거의 없는 것에 가깝다. 그런데 이러한 동화작용은 지금도 여전히 진행되고 있으며, 오늘날 모든 정치적 변화는 이러한 동화작용을 촉진시키고 있다. 왜냐하면 그러한 변화가 모두 낮은 것은 높여 주고 높은 것은 낮게 만드는 경향을 가지고

---

33 | 드 토크빌의 L' Ancien R' egime et La R' evolution을 참조.
34 | 빌헬름 폰 훔볼트 남작의 독일어 원본으로부터 영역된 『The Sphere and Duties of Government』를 참조.

있기 때문이다.

　　교육사업이 확장될 때마다 이러한 작용은 촉진된다. 왜냐하면 교육은 사람들에게 공통의 영향을 주며, 그들로 하여금 여러 가지 사실과 감정이 공통의 저장고에 접근토록 하기 때문이다. 교통수단의 개량도 이러한 동화작용을 촉진시킨다. 그 이유는 멀리 떨어져 있는 곳에 사는 사람들에게 개인적으로 친밀하게 접촉시키며, 한 장소로부터 다른 장소로 거주의 급속한 이동을 원활하게 해 주기 때문이다.

　　상업과 제조업의 증진도 이러한 동화작용을 증진시킨다. 왜냐하면 그것은 안락한 생활의 편익을 더 한층 넓은 범위로 확산시키며, 모든 야심의 대상도 일반 사람들이 경쟁하도록 개방해 줌으로써 입신출세의 욕망을 이미 특수 계급의 특성이 아니라 모든 계급의 특성으로 되게 하기 때문이다.

　　영국이나 기타의 다른 자유국가에서 이러한 모든 것들에 비해 그 이상으로 인류 사이에 일반적인 유사성을 가져오게 하는 강력한 매체가 되고 있는 것은 국가에서 여론의 우위가 완전히 확립되어 있다는 것이다. 종전에는 여러 방면의 높은 사회적 지위에 앉아 특권을 누리던 사람들은 그러한 지위 덕에 대중의 의견을 무시할 수 있었다.

그와 같은 높은 지위도 점차로 균등화되어 가고 있으며, 공중이 어떤 의지를 품고 있다는 것이 명확하게 될 때 그 의지에 저항하려는 생각 자체가 실제 정치가의 머리 속에서 점점 사라져 간다. 그것에 따라 여론에 동조하지 않는 것이 사회적 지지를 전혀 얻지 못하게 된다. 자기 자신이 다수자의 우위에 반대하면서 공중과는 다른 의견이나 경향을 보호하는데 관심을 가지는 실질적인 힘이 사회에는 전혀 존재하지 않게 된다.

이상의 여러 가지 원인 모두가 서로 결합하여 개성에 적대하는 하나의 커다란 세력을 형성하고 있기 때문에 개성이 어떻게 그 입장을 고수할 수 있는가를 알아보는 것은 쉬운 일이 아니다. 공중 속에서 총명한 지적인 부분이 개성의 가치를 느낄 수 있게 되지 않는 한 여러 차이가 있는 것이 유익하다.

그러한 차이가 보다 더 좋은 방향으로 향하지 않거나, 그들에게는 그러한 차이가 보다 더 나쁜 방향으로 향하고 있다고 생각되는 일이라고 할지라도 사람들 사이에 차이가 있다는 것 자체가 유익하다는 것을 이해하지 않는 한 개성이 그 입장을 줄곧 유지해 가는 것은 곤란하게 될 것이다.

개성의 권리가 주장되지 않으면 안 될 때가 있다면 지금이 바로 그런 때이다. 지금도 강제적으로 동화의 완성을 기하기에는 아직도 많은 것이 결여되어 있다. 이러한 침해에 대해서 저항이 성공을 거둘 수 있는 것은 오직 초기의 단계에서 뿐이다. 다른 모든 사람들을 자기 자신과 유사하게 만들려는 요구는 그것이 충족되면 충족될수록 한층 더 커진다.

인간의 생활이 거의 하나의 획일적인 형으로 화해 버릴 때까지 저항하는 것이 연기되어진다고 하면, 그러한 획일화된 형으로부터 벗어나는 모든 언동은 건전하지 못하고 부도덕하고 해괴하기까지 하며, 인간의 본성에 위배되는 것이라고 생각되게 될 것이다.

인간이 잠시동안이라도 사람들 사이의 여러 가지 차이에 눈을 돌리지 않는 데 익숙해져 버리면 그들은 곧 그러한 차이를 생각조차 해 볼 수 없게 되는 것이다.

4

개인에 대한 사회 권위의 한계

사회와 개인이 제각기 자신과 특별히 관계되어 있는 부분만을
취한다고 하면 양자는 다 같이 자기의 정당한 몫을 받도록 될 것이다.
인간 생활 속에서 이해관계가 주로 개인으로 되어 있는
부분은 마땅히 개인에게 귀속되어야 할 것이며,
사회로 되어 있는 부분은 사회에 귀속되어야 할 것이다.

제4장 _ 개인에 대한 사회 권위의 한계

그러면 개인이 자기 자신을 지배하는 주권의 정당한 한계는 어디에 있는 것일까? 사회의 권위는 어디에서 시작되는 것일까? 인간의 생활 중에서 얼마만큼이 개인에게 귀속되며, 얼마만큼이 사회에 귀속되어야 하는 것일까?

사회와 개인이 제각기 자신과 특별히 관계되어 있는 부분만을 취한다고 하면 양자는 다 같이 자기의 정당한 몫을 받도록 될 것이다. 인간생활 속에서 이해관계가 주로 개인으로 되어 있는 부분은 마땅히 개인에게 귀속되어야 할 것이며, 사회로 되어 있는 부분은 사회에 귀속되어야 할 것이다.

사회는 계약에 의해서 수립되는 것이 아니다. 사회적 의무의 근거를 설명하기 위하여 하나의 계약이론을 고안해낸다 할지라도 그것은 별로 도움이 되지 않는다. 그러나 사회의 보호를 받고 있는 사람은 누구나 그 은혜에 대해 마땅히 보답할 의무가 있다.

사회 안에서 살고 있다는 사실 그 자체가 개인으로 하여금 다른 사람들에 대해서 불가불 일정한 행위의 원칙을 준수하지 않으면 안 되게 만든다. 이러한 행위의 첫째는 상호간의 이익을 해치지 않는 행위이다. 다시 말해 그것은 법률의 명백한 조문이나 의사를 표현하지 않는 양해에 의해서 당연히 하나의 권리로 간주되어야 할 종류의 이익을 해치지 않는 행위라 할 수 있다.

둘째는 사회 또는 그 성원을 위해 간섭으로부터 방어해 주기 위하여 필요한 노동과 희생을 각자가 자기의 몫만큼(이러한 몫은 공평한 원칙에 의해서 정해져야 한다.) 부담하는 행위이다. 이러한 의무의 이행을 거부하는 사람들에 대해서는 어떠한 희생을 무릅쓰고라도 사회는 마땅히 이러한 조건의 수행을 억제해도 좋을 것이다.

사회가 해도 좋은 것은 이것만이 아니다. 개인의 행위는 법으로 정해진 다른 사람의 권리를 침해하는 정도까지는 이르지 않는다 할지라도, 타인에게 해를 끼치거나 타인의 행복에 대한 정당한 생각이 결여되는 경우도 있을 것이다. 이러한 경우 그 행위자는 법에 의해서는 아니라 할지라도 여론에 의해서 당연히 처벌되어야 할 것이다.

어떤 사람의 행위의 한 부분이 다른 사람의 이익에 해로운 영향을 미치게 되자마자 사회는 법률로 이와 같은 행위를 제재할 수 있는 권리를 가지게 되며, 이러한 행위에 간섭함으로써 일반의 복지가 증진되느냐 안 되느냐의 문제가 논의의 대상으로 된다.

그러나 어떤 사람의 행위가 자신 이외의 다른 사람의 이익에 아무런 영향을 미치지 않을 때, 또는 다른 사람들이 원하지 않는 한 그들의 이익에 간섭할 필요가 없을 때(이런 경우 관계자는 모두 성년이어야 하며, 보통 정도로 이해력을 갖추고 있는 것으로 가정할 때) 이러한 문제는 거론될 여지가 없다. 그러한 모든 경우에 행위의 결과에 대해서 책임을 지는 완전한 자유가 법적으로나 사회적으로 있어야 한다.

인간은 생활을 영위해 가는데 있어서 각자 다른 사람의 행위에 아무런 관여를 하지 않을 뿐만 아니라, 자기 자신의 이익에 관련되어 있지 않는 한 다른 사람의 선행이나 복지에도 관여를 해서는 안 된다고 주장하는 것을 이기적인 무관심의 한 예라고 생각한다면, 그것은 이러한 이론에 대한 커다란 오해이다. 다른 사람의 이익을 증진시켜 주기 위한 사심 없는 노력은 감소시키기 보다 오히려 크게 증가시킬 필요가 있다.

그러나 사심이 없는 선의는 사람들을 설득해서 그들의 행복을 추구케 하기 위해서 채찍 이외의 여러 가지 수단이 이용될 수 있다. 오직 자기만을 사랑하는 일신상의 덕성을 결코 낮게 평가하는 것은 아니다. 사회적인 덕성보다는 뒤떨어져 있다 할지라도, 다시 말해 2차적 중요성 밖에 갖고 있지 않다 할지라도 그것은 중요성에 있어서 약간만 뒤떨어질 뿐이다.

이와 같은 두 종류의 덕성을 다같이 배양하는 것이 교육의 임무이다. 그러나 교육조차도 강제에 의거할 뿐만 아니라 확신과 설득을 강요함으로써 그 기능을 수행한다. 교육의 시기가 지난 후에는 일신상에 관한 덕성의 배양은 오직 확신과 설득에 의해서 이루어질 수밖에 없다. 인간은 상호간의 협조를 통해서 보다 더 좋은 것과 나쁜 것을 서로 구별할 수 있고 상호간의 격려를 통해서 보다 더 좋은 것을 택하는 대신 보다 더 나쁜 것을 피할 수 있다.

사람들은 끊임없이 서로를 자극해서 그들의 고도의 능력이 한층 더 발휘되도록 해야 하며 그들의 감정과 목표를 어리석지 않고 현명한, 타락적이 아니라 향상적인 대상과 기획에 쏠리도록 해야 한다. 그러나 한 사람이거나 다수이거나 간에 누구에게도 이미 성년에 도달해 있는 다른 사람에 대해서 자신의 생활을 자신의 이익을 위하여 자신이 선택한 방법으로 처리해서는 안 된다고 말할 자격은 없다.

자신의 행복에 가장 큰 관심을 지닌 사람은 자기 자신이다. 개인적인 뜨거운 애착으로 결합되어 있는 경우를 제외하면 타인이 그의 행복에 대해서 품을 수 있는 관심은 자신이 품는 관심에 비하면 하찮은 것이다. 사회가 한 개인으로서 그에 대해서 갖는 관심이라는 것은 미미한 것이며 아주 간접적인 것이다.

그런데 가장 평범한 남녀일지라도 자신의 감정과 환경에 관해서 헤아릴 수 없을 정도로 뛰어난 이해의 수단을 가지고 있다. 자신에게만 관계되는 일에 있어서 그의 판단이나 의도를 좌우하려는 사회의 간섭은 일반적인 추정에 의거해야 한다.

그와 같은 일반적인 추정은 아주 잘못되어 있는 경우도 있을 것이다. 그러한 추정이 옳다고 하더라도 각각의 경우에 이러한 추정을 적용하는데 있어서 외부에서 방관하고 있는 사람들과 같은 정도의 지식밖에 없는 사람들에 의해서 잘못 적용되는 수도 있을 것이다.

인간관계의 이와 같은 영역에 있어서 개성은 고유한 활동의 장을 갖는다. 인간 상호간의 행위에 있어서는 무엇을 예상해야 할 것인가를 사람들이 알 수 있도록 일반적인 규칙이 대체로 준수되어질 필요가 있다. 그러나 각자 자신에 관한 일에 있어서는 개인의 자발성이 자유로이 발휘되도록 되어야 한다. 그의 판단을 돕기 위한 여러 가지 배려나 그의 의지를 공고하게 만들기 위한 여러 가지 권고가 다른 사람들에 의해서 그에게 제공되어질지도 모르며 그에게 강요될지도 모른다.

그러나 최후에 결정을 내리는 사람은 자신이다. 그가 다른 사람의 충고나 경고에 귀를 기울이지 않아 잘못을 범할지라도 그러한 모든 잘못은 다른 사람이 그의 행복이라고 간주하는 것을 그에게 무리하게 강요하는 데서 생기는 해악에 비해 보면 훨씬 가벼운 것이다.

어떤 사람을 다른 사람들이 볼 때 갖게 되는 감정이 그의 일신상에 관한 덕성이나 결함에 의해서 절대로 좌우되어서는 안 된다는 뜻으로 말하는 것은 아니다. 원래 이러한 것은 있을 수 있는 일이 아니며 바람직한 일도 아니다. 그가 자신의 행복에 도움이 되는 자질에서 남달리 뛰어나 있다면, 그는 그 점에 관한 한 당연히 칭찬을 받을만한 대상이 된다. 그는 그만큼 인간성의 이상적인 완성의 경지에 접근하고 있는 셈이다. 그러나 만약 이러한 자질이 크게 결여되어 있다면 칭찬과는 반대되는 감정이 그것에 따를 것이다.

세상에는 어리석은 행위도 적지 않다. 저속한 취미나 타락적인 취미(이러한 말을 쓰는 데는 이의가 있을지 모르지만)라고 불러도 될 만한 것도 적지 않다. 그러한 어리석은 행위나 저속하고 타락적인 취미를 보여준다고 해서 그런 사람에게 해를 주어서는 안 된다.

　그러나 그가 혐오의 대상으로까지 되는 것은 피할 수 없다. 어떻게 보면 당연한 일이기도 하다. 이것과 정 반대되는 감정을 상당히 강하게 가지고 있는 사람이라면, 위에서와 같은 자질에 대해서 혐오와 경멸의 감정을 품지 않을 수 없을 것이다. 어느 누구에게도 부당한 해를 끼치지는 않더라도 그 사람의 행동으로 미루어 보아 우리가 그 사람을 바보나 열등한 인간으로 판단하며 느끼지 않을 수 없는 행위가 있을 수 있다.

　이와 같은 판단이나 감정은 그가 피하려고 생각하는 것이므로 그것에 대해서 사전에 그에게 경고해 두는 것은 그 이외의 그가 받게 되는 불유쾌한 결과에 대해서 경고해 두는 것과 같이 그에게 친절을 베푸는 일이 된다.

　이와 같은 친절한 태도가 오늘날 예절에 관한 일반적인 관념이 허용해 주는 정도보다 훨씬 더 자유롭게 발휘될 수 있다면, 어떤 사람이 다른 사람에 대해서 그가 잘못되어 있다고 생각하는 것을 정직하게 지적한다 할지라도 무례하다든가 불손하다든가 하는 모양으로 생각되지 않는다면, 그것은 참으로 기뻐해야 할 일일 것이다.

우리는 어떤 사람에 대해서 좋지 못한 의견을 품을 수 있고, 그 의견에 따라서 여러 가지 모양으로 행동할 수 있는 권리를 가지고 있다. 그것은 그의 개성을 억압하기 위해서가 아니라 우리의 개성을 활동케 하기 위해서다.

이를테면 우리에게 반드시 그와 교제를 해야 할 의무는 없다. 우리는 그것을 피할 수 있는 권리를 가지고 있다(하기야 교제를 피하는 것을 과시할 수 있는 권리는 없다.). 왜냐하면 우리에게는 우리 자신이 가장 좋아하는 교제를 선택할 수 있는 권리가 있기 때문이다.

자신의 행위의 실례나 담화가 그와 교제를 하는 사람들에게 해로운 영향을 미칠 것같이 생각될 때 우리는 다른 사람들에게 그를 경계하도록 주의를 줄 수 있는 권리를 가진다. 그렇게 주의를 주는 일이 우리의 의무로도 될 것이다.

우리는 다른 사람에 대해서 임의로 선택할 수 있는 친절을 베풀 때, 그것이 그의 향상에 도움이 되는 경우 이외에는 다른 사람들을 우선적으로 생각하고 그를 뒤로 돌려도 무관하다. 이와 같은 여러 가지 방식으로 사람은 자기 자신에게만 직접 관계되는 결점 때문에 다른 사람들에 의해서 매우 준엄한 벌을 받는 일이 있다. 그러나 그가 이와 같은 벌을 받는 것은 그것이 그의 결점 자체로부터 생겨지는 자연적이고 자발적인 결과의 한도 내에서 이다. 그것이 처벌을 위해서 의도적으로 그에게 가해지기 때문은 아니다.

경솔하고 완고하며 자부심이 강한 사람, 절도 있는 생활을 할 수 없는 사람, 해로운 방종생활을 자제할 수 없는 사람, 감정과 지성의 쾌락을 희생시켜 동물적인 쾌락을 추구하는 사람, 이와 같은 사람은 다른 사람들로부터 경멸을 당하며 더구나 호감도 사지 못하게 될 것을 각오하지 않으면 안 된다.

그러나 그에게는 이것에 대해서 불만을 토로할 권리가 없다. 그가 사회관계에 있어서 특별히 뛰어나 있기 때문에 그들이 호의를 받을 만한 경우와 그렇게 하여 다른 사람의 친절을 받을 만한 자격을 확보하고 자신에게만 관계되는 결점에 의해서는 그러한 친절이 영향을 받지 않게 되는 경우 외에는 그에게는 이것에 대해 불만을 토로할 권리가 없다.

요컨대 내가 주장하려고 하는 것은 다음과 같은 것이다.

사람이 행위와 성격 속에서 자기 자신의 행복과는 연관되지만 다른 사람들과의 관계에 있어서 다른 사람의 이익에 조금도 영향을 미치지 않는 부분 때문에 받지 않으면 안 되는 불편은 다른 사람의 비호의적인 판단인 악평과 긴밀하게 결부되어 있는 불편뿐이다.

다른 사람에게 해가 되는 행위는 이것과는 전혀 다르게 다루어져야 할 것이다. 다른 사람의 권리를 침해하는 행위, 자신의 권리에 의해서는 좀처럼 정당화할 수 없는 손실이나 손상을 다른 사람에게 끼치는 행위, 다른 사람들과 거래하는 데 있어서 나타나는 사기나 배신행위, 부정하고 무자비한 수단으로 다른 사람의 약점을 추궁하는 행위, 심지어 이기심 때문에 다른 사람이 받게 될 위해를 막아주려 하지 않고 못본 체하는 행위, 이러한 행위들은 모두 도덕적 비난을 받아야 마땅하며 중대한 경우 도덕적 보복과 벌을 받아야 할 것이다.

비단 이러한 행위뿐만 아니라, 이러한 행위를 낳게 하는 성향도 부도덕한 것으로 당연히 비난을 받아야 할 것이다. 이와 같은 비난이 증오의 감정을 불러일으키는 일도 있을 것이다.

잔인한 기질, 악의와 심술궂음, 모든 격정들 가운데 가장 사회적이며 가장 가증스러운 감정인 질투, 위선과 불성실, 마땅한 이유 없이 노발대발하는 것, 자극을 받으면 무턱대고 격분하는 것, 자기의 몫 이상으로 과분한 이익을 독차지하려는 욕구(이른바 그리스 사람의 탐욕), 다른 사람의 품위를 실추시키는 데 만족을 느끼는 오만, 자신과 자신에 관계되는 것을 다른 어떠한 것보다도 중요시하고 모든 의심스러운 문제를 자신에게 유리하게 결정하는 자기 중심주의, 이러한 것들은 모두 도덕적 결함이며 옳지 못한 가증스러운 도덕적 성격을 구성하는 것이다. 이것들은 앞에서 기술한 일신상의 결점과는 매우 다르다.

일신상의 결점은 원래 부도덕한 것이 아니며 아무리 심한 정도에 이르러도 사악하게 되는 것은 아니다. 이와 같은 일신상의 결점은 어느 정도의 어리석은 행위나 인격적인 위엄이나 자존심의 결여를 입증해 주는 것인지도 모른다. 그러나 그것이 도덕적 비난의 대상으로 되는 경우란 개인이 스스로 성실히 배려해 주어야 할 사람들에 대한 의무를 이해하지 않을 경우뿐이다.

그때그때 발생하는 사정에 의해서 동시에 다른 사람에 대한 의무로도 되지 않는 한 자기 자신에 대한 의무라고 불리는 것은 사회적으로 보아 의무적인 것이 되지 않는다. 자기 자신에 대한 의무라는 말은 그것이 단순한 사려분별이나 자기발전을 의미한다. 자존이나 자기발전에 대해서는 그 어느 것에 대해서도 누구도 그의 동포에 대해서 책임을 지고 있는 것은 아니다. 왜냐하면 그러는 편이 오히려 인류에게 이익이 되기 때문이다.

어떤 사람이 사려분별이나 인격적 위엄을 결여하기 때문에 당분간 받게 될지도 모를 다른 사람의 모욕(존경의 상실)과 다른 사람의 권리를 침해했기 때문에 당연히 받아야 하는 비난 사이의 차이는 명목상의 차이에 지나지 않는 것이 아니다. 우리가 그를 능히 억제할 수 있는 권리를 가지고 있다고 생각되는 경우에 그가 우리를 불쾌하게 만드느냐, 아니면 그러한 권리가 우리들에게 없다는 것을 알고 있는 경우에 그가 우리들을 불쾌하게 만드느냐에 따라서 그에 대한 우리들의 감정이나 행위에는 커다란 차이가 생긴다.

그가 우리를 불쾌하게 만든다면 불쾌하다는 감정을 표시해도 좋다. 우리는 마음에 들지 않는 물건을 가까이 하지 않듯이 그러한 사람을 가까이 하지 않을 수 있다. 그러나 그의 생활까지 반드시 불쾌하게 만들어야겠다고 생각할 필요는 없다. 우리는 그가 자신의 과실에 대한 충분한 형벌을 이미 받고 있다거나 앞으로 받게 되리라는 것을 생각해 보지 않으면 안 된다.

그가 처신을 잘못하여 자신의 생활을 망쳐 버리고 있다 할지라도 그것을 이유로 그의 생애를 한층 더 망쳐 버리려 해서는 안 된다. 그에게 벌을 주려고 생각하기보다는 그의 행위가 가져올 여러 가지 해악을 어떻게 피하거나 교정할 수 있는지 그에게 보여줌으로써 형벌을 가볍게 해 주도록 힘써야 할 것이다. 그는 우리에게 불쌍하고 가련한 대상이 될지언정 원한의 대상은 아니다.

우리는 그를 마치 사회의 적인냥 다루지는 않아야 할 것이다. 그에 대해서 관심이나 우려를 표시하던가 애정을 가지고 간섭하지 않는다면, 우리가 당연히 해도 괜찮다고 생각되는 가장 가혹한 처사는 그가 좋아하는 대로 내버려두는 일이다.

그러나 그가 동포를 개인적으로나 집단적으로 보호해 줄 필요에서 만들어진 여러 가지 규칙을 범했다고 하면 사정은 달라지게 된다. 이런 경우 그의 행위가 초래하게 되는 해로운 영향은 그가 아닌 다른 사람에게 미친다. 사회는 모든 성원의 보호자로서 그에게 보복을 하지 않으면 안 된다.

사회는 처벌이라는 명백한 목적을 가지고 그에게 고통을 줄뿐만 아니라 그것이 충분히 준엄한 것이 되도록 주의하지 않으면 안 된다. 이런 경우에 그는 우리의 법정에 서게 되는 범죄자이다. 우리에게는 그를 재판할 의무가 있을 뿐만 아니라 어떠한 형태로든 우리 자신이 내린 판결을 집행할 의무가 있다. 앞서 언급한 경우라도 고통을 줄 권리가 우리에게는 없다.

그러나 이 말은 우리가 자신의 일을 처리하는 경우에 우리가 그에 대해서 인정하고 있는 것과 꼭 같은 자유를 행사하는 데서 부수적으로 생길지도 모르는 그의 고통만을 제외해 놓고 하는 말이다. 위에서 지적한 것처럼 사람의 생활 속에서 자기 자신에게만 관계되는 부분과 다른 사람에게 관계되는 부분을 서로 구별해서 생각하는 것에 대해서 많은 사람들이 거부할 것이다.

사회의 한 구성원인 사람의 행동들 중 어떤 것이든 다른 성원들에게 무관심의 대상이 될 수 있을까? (당연히 다음과 같은 의문이 생길 것이다.) 어느 누구도 완전히 고립해서 살아갈 수 있는 존재는 아니다. 어떤 사람이 자기 자신에 대해서 중대한 또는 계속적인 해를 끼치는 행위를 한다면 그 해는 반드시 가까운 친척이나 가끔은 그것보다 훨씬 더 넓은 범위에까지 미치게 된다.

그가 자기의 재산에 손해를 입힌다면 그의 재산 덕분에 직·간접적으로 생계를 유지해 오는 사람들에게 손해를 입히게 된다. 그 것은 다소간 사회 전체의 부를 감소시키는 것이 보통이다.

그가 자신의 심신의 제 능력을 저하시키게 된다면 그는 자신의 도움으로 행복의 일부를 얻고 있는 모든 사람들에게 해를 줄 뿐만 아니라, 일반 동포에게 지고 있는 의무를 다할 수 없게 된다. 아마 그는 동포를 애정이나 자비심에 의지하는 귀찮은 존재로 여기게 될 것이다. 이와 같은 행위가 빈번히 되풀이된다면 그것은 어떠한 범행에 못지 않게 사회 전체의 행복의 양을 감소시키게 될 것이다.

끝으로 어떤 사람이 자기의 악덕이나 어리석은 행위에 의해서 다른 사람에게 직접 해를 끼치지는 않는다 하더라도, 그와 같은 나쁜 실례를 보임으로써 그는 세상에 해독을 끼치게 된다. 그의 행위를 보거나 알게 되면 그것이 계기가 되어 타락하거나 잘못된 길로 갈 수 있는 사람들을 보호하기 위해서 그의 자제를 강요하는 것이 당연할 것이다.

나쁜 행위의 영향을 받는 것이 행실이 좋지 않은 개인이나 몰지각한 개인에게만 한정될 수 있는 것이라 하더라도 사회는 명백히 그 자격, 즉 자기를 올바르게 인도해 갈 수 있는 사회의 일원으로서의 자격을 갖지 못하고 있는 사람들을 제멋대로 행동하도록 방임해도 좋은 일일까?

어린이나 미성년자의 경우 그들이 스스로 보호되지 않으면 안 되는 것이 분명히 당연한 일이라고 되어 있다면, 그들과 마찬가지로 자제력을 갖지 못하는 성인들에 대해서도 역시 보호해 줄 의무가 있는 것이 아닐까? 도박, 주정, 무절제(음란), 태만, 불결 등이 법률이 금지하고 있는 대다수의 행위들과 같이 행복을 해치며 진보에 중대한 장애물이 된다면 그것이 실행 가능하며 사회의 편의와 서로 충돌되지 않는 한 법률은 이러한 것을 억압하도록 해야 하는 것이 아닐까?

피치 못할 법률의 결함을 보완하기 위하여 적어도 여론은 이러한 악덕을 방지하기 위한 강력한 단속기관을 만들어 악덕을 일삼는 자로 알려져 있는 사람들에 대해서는 준엄한 사회적 제재를 가해야 하는 것이 아닐까? 여기에는 개성을 제한한다든가 새로운 독창적인 생활의 실험을 방해한다든가 하는 문제는 전혀 없다. 하지 못하도록 제지되기를 바라는 것은 이 세계가 시작된 이래로 오늘에 이르기까지 시도되어 좋지 못하다는 비난을 받아 온 것들 — 이제까지의 경험으로 보아 어떠한 사람의 개성에도 유용하지도 적당하지도 않다는 것이 판명된 것들 ── 뿐이다.

도덕과 처세의 사리를 올바르게 분별해 주는 진리가 확실한 것으로 간주되기까지는 상당히 오랜 세월과 상당한 정도의 경험이 소요되지 않으면 안 된다. 바라는 점은 앞으로 대를 이어갈 세대마다 일찍이 조상이 추락해서 목숨을 잃은 것과 꼭 같은 절벽으로 떨어지지 않도록 해 주는 일뿐이다.

어떤 사람이 행하는 나쁜 행동이 그와 친근한 사이에 있는 사람들의 공감과 관심을 통해서 그들에게 중대한 영향을 미친다. 이보다 미약하지만 사회 일반에 대해서도 영향을 미치는 경우가 있음을 나도 충분히 시인한다. 어떤 사람이 이런 종류의 행동을 함으로써 다른 사람들에 대한 명백한 의무를 이행하지 않게 된다면 이런 사례는 일신상에 관계되는 행위의 범위를 벗어나게 되며, 참된 의미에서 도덕적 비난을 받아야 한다.

이를테면 어떤 사람이 무절제나 낭비로 자신의 부채를 갚을 수 없게 된다든가, 가족에 대한 도의적 책임을 지고 있으면서도 같은 이유에서 그들을 부양하고 교육시킬 수 없게 된다면 그가 비난받게 되는 것은 당연하며, 처벌을 당한다 해도 전혀 부당하지는 않을 것이다.

그러나 그것은 그가 가족이나 채권자에 대한 의무를 게을리 했기 때문이지 방탕했기 때문이 아니다. 그들에게 지급되어야 했던 자금이 제대로 지급되지 아니하고, 그 대신 가장 현명한 투자에 전용되었다 할지라도 그 행위 역시 도덕적인 죄악이라는 점에서는 같다.

조지 반웰은 정부(情婦)에게 줄 돈을 마련하려고 그의 숙부를 살해했다. 그가 사업자금을 마련하려고 그런 짓을 했다 할지라도 역시 교수형에 처해졌을 것이다.[35] 흔히 있는 일이지만 못된 버릇에 빠져 가족을 슬프게 만드는 사람은 인정미가 없고 은혜를 모르기 때문에 비난을 받아 마땅할 것이다.

그러나 그 자체로는 나쁘다고 할 수 없는 습관을 기른다고 해도, 그것이 같은 생활을 하고 있는 사람들이나 혈육의 관계로 그에게 의지해서 안락하게 생활하고 있는 사람들에게 고통을 주게 된다면 그는 마땅히 비난을 받아야 할 것이다.

보다 더 긴급한 의무 때문에 부득이 하게 된다든지 자기 자신의 일을 우선적으로 다루어야 하는 것이 허용되는 경우가 아닌데도 불구하고 다른 사람의 이익이나 감정에 대해서 그러한 배려를 하지 않는 사람은 누구든지 그 때문에 도덕적으로 비난의 대상이 된다. 그러나 이와 같이 비난의 대상이 되는 것은 그러한 행위를 하

---

35 조지 반웰이라는 주인공이 나오는 조지 릴로의 작품인 『The London Merchant, The history of George Barnwell』을 참고.

게 만든 원인 때문은 아니며, 그러한 행위에 대한 간접적인 원인이 되었을지도 모르는 자신에게만 관계되는 과실 때문도 아니다.

이와 같이 어떤 사람이 순전히 자기 자신에게만 관계되는 행위 때문에 자신에게 부여된 일반 대중에 대한 명확한 의무를 수행할 수 없게 된다면, 그는 하나의 사회적인 범죄를 저지르는 것이다. 누구든지 단순히 술에 취했다는 이유만으로 처벌되어서는 안 된다. 그러나 군인이나 경찰관이 근무 중 술에 취해 있으면 마땅히 처벌되어야 한다. 요컨대 개인 또는 일반 대중에 대해서 명백한 손해를 입히거나 그럴 위험이 있을 때, 이 문제는 자유의 영역을 넘어서 도덕이나 법률의 문제가 된다.

그러나 대중에 대한 특정한 의무를 이행치 않은 것도 아니고, 자기 자신 이외의 한 개인에게 뚜렷한 위해를 주는 것도 아닌 행위로 어떤 사람들이 사회에 미치게 되는 단순히 우발적인 또는 추정적 위해라고도 부를 수 있는 위해에 관해서 말한다면, 이런 경우에 생겨나는 불편은 인간의 자유라는 보다 더 큰 선을 위해서 사회가 참을 수 있는 것이다.

성년이 된 사람이 자기 자신을 적절하게 돌보지 않았다고 해서 벌을 받아야 하는 것이라면, 즉 그들 자신을 위해서 되어지기를 바라고 사회가 새삼스럽게 요구할 수 있는 권리가 있다고 주장하지

도 않는 복리를 사회에 부여할 수 있는 그들의 능력이 만의 하나라
도 손상되어서는 안 된다는 구실 아래 그런 일이 행해지는 것을 바
라지 않는다.

그러나 사회는 비교적 우둔한 성원들을 교육시켜 이성적인 행
위를 할 수 있는 보통의 수준으로까지 이끌어 올리기 위해서 그들
이 무엇인가 분별 없는 행위를 하는 것을 기다려서 그 후에 이 행
위를 이유로 법적으로 또는 도덕적으로 벌을 주는 것 이외에는 달
리 아무런 방법이 없는 것처럼 논하는 것에 대해서도 나는 찬성할
수 없다.

사회는 그들의 생애의 전체를 통해서 줄곧 그들을 지배하는 절
대적 권력을 갖고 있었다. 사회는 그들의 유년기와 미성년기의 전
부를 자유롭게 할 수 있는 권한을 장악하고 있었으며, 그 기간에
그들로 하여금 이 세상에서 이성적인 행동을 할 수 있도록 만들 수
있는가를 시험해 볼 수 있었을 것이다.

현세대의 사람들은 차세대 사람들의 훈육과 환경 모두를 마음대
로 할 수 있는 주인공이기도 하다. 현세대의 사람들은 차세대의 사
람들을 완전무결하게 현명하고 선량하게 만들 수 없다. 왜냐하면
현세대의 사람들 자신이 참으로 개탄할 정도로 현명하지도 선량하
지도 못하기 때문이다. 현세대의 사람들이 최선의 노력을 기울여

야 한다고 해서 각각의 경우에 언제나 최대의 성공을 거두지는 못한다. 그러나 현세의 사람들이 차세대의 사람들을 전체적으로 그들과 같은 정도로 또는 그들보다는 다소 더 낫게 만드는 것은 가능하다.

사회가 적지 않은 수의 성원들을 직접적이 아닌 원대한 동기를 합리적으로 생각하여 자기 자신을 규제할 수 없는 어린애로만 성장하도록 내버려둔다면 스스로 이러한 결과에 대해서 책임을 지지 않으면 안 된다.

사회는 교육의 모든 권한을 장악하고 있을 뿐만 아니라, 스스로 판단을 내릴 수 있는 능력을 거의 갖지 못한 사람들에 대해서 일반에게 널리 받아들여지고 있는 여론의 권위가 휘두르는 압도적인 힘을 가지고 있다.

사회는 잘 아는 사람들의 혐오와 멸시의 대상이 되고 있는 사람들 위에 반드시 떨어지기 마련인 자연적 벌의 지원까지도 받고 있다. 그러므로 사회로 하여금 이밖에 개개인의 일신상의 일에 대해서까지 명령을 내리고, 복종을 강요하는 권력이 필요하다는 주장을 하게 해서는 안 된다. 개개인의 일신상에 대한 정의와 정책에 관한 원칙에 의한 결정권은 그 결과를 달게 받아야 할 당사자들에게 주어져야 한다.

행위에 영향을 미치는 나쁜 수단이 사용되기만 하면 그것에 영향을 미치는 좋은 수단에 대해서 불신감을 갖게 하고 무력하게 만드는 것도 없다. 신중한 태도나 자제심을 갖도록 강제를 받고자 하는 사람들에게 강건하고 독립적인 성격을 형성할 자질이 조금이라도 있다면 그들은 틀림없이 이와 같은 속박에 반항할 것이다. 그러한 사람은 다른 사람들이 일신상의 일에 그가 위해를 주는 것을 방지할 수 있는 권리를 갖는 것과 마찬가지로 그의 일신상의 일에 대해 다른 사람들이 그를 지배할 수 있는 권리를 갖는다고는 결코 느끼지 않을 것이다.

따라서 이와 같은 찬탈자적 권위에 대해 정면으로 반항하여 그것이 명하는 것과는 정 반대되는 행위를 보라는 듯이 감행하는 것이 기개와 용기의 표상이라고 생각되어지기 쉽다. 찰스 2세의 시대에 청교도는 도덕적으로 매우 편협된 광적인 태도를 보였다. 뒤를 이어서 생겨난 야비한 도덕적 문란의 유행이 그 실례이다.

나쁜 품행의 타락한 사람이나 방종한 사람이 다른 사람들에게 나쁜 본보기를 보이는 일이 없도록 사회를 보호할 필요가 있다고 운운하는 논의에 관해서 말하면, 나쁜 본보기를 보임으로써 다른 사람들에게 해로운 영향을 미치는 것은 확실한 사실이다. 특히 다른 사람에게 위해를 주어도 가해자가 아무런 벌도 받지 않는 실례에서는 더욱 그러하다.

그러나 우리는 지금 다른 사람에게는 아무런 해도 끼치지 않고, 행위자 자신에 대해서만 커다란 해를 끼치는 것으로 생각되는 행위를 문제로 삼고 있다. 그런데 이상과 같은 것을 믿는 사람들이 이러한 실례가 대체로 유해하기보다는 유익할 것이라는 것을 왜 깨닫지 못하는지 나는 좀처럼 이해할 수 없다.

왜냐하면 그러한 실례는 나쁜 행실을 사람들에게 보여주겠지만, 고통스럽거나 불명예스러운 결과도 세상 사람에게 보여줄 것이기 때문이다. 적어도 나쁜 행실에 대해서는 정당하게 비난되어지는 한 모든 경우에 이와 같은 고통스럽거나 불명예스러운 결과가 반드시 따르는 것으로 생각되어야 할 것이다.

그러나 순전히 개인적인 행위에 대해서는 사회가 간섭을 해서는 안 된다고 주장하는 모든 논의들 중에서 가장 유력한 것은 사회가 감히 간섭을 하게 될 경우에 아마 사회는 잘못된 방식으로 간섭하거나 전혀 간섭해서는 안 될 일에 간섭할 공산이 크다는 것이다.

사회적 도덕이나 다른 사람에 대한 의무의 문제에 대해서는 공중의 의견, 즉 지배적 다수자의 의견이 잘못되는 경우가 가끔 있기는 하지만 옳은 경우가 오히려 더 많은 것 같다. 왜냐하면 그와 같은 문제에 대해서 그들은 그들 자신의 이해가 무엇인지를 판단하기만 하면 되고, 행동의 양식이 일단 실행에 옮겨지게 되는 경우에는 그것이 자신들에게 어떠한 영향을 미치게 될 것인가에 대해서 판단을 내리기만 하면 되기 때문이다.

그러나 같은 다수자의 의견이 오직 자기 자신에게만 관계되는 하나의 법으로 소수자에게 부과되는 경우에 그것은 옳을 수도 있지만 잘못되었을 수도 있다. 왜냐하면 이와 같은 경우에 있어서는 여론이라는 것이 의미하는 것은 기껏해야 다른 사람들에게 대체 무엇이 좋으며 무엇이 나쁜 것인가에 대한 부분적인 의견에 지나지 않을 뿐만 아니라 그것조차도 아닌 경우가 너무나 흔하기 때문이다. 그리고 공중은 철저한 무관심의 태도로 비난하는 행위를 하는 사람들의 즐거움이나 편의를 전혀 돌보지 않고 자기 자신이 좋아하는 것만을 먼저 생각하기 때문이다.

세상에 자기의 마음에 들지 않는 행위라면 어떠한 것이든 간에 그것을 자기에게 해를 주는 것으로 생각하고, 자기의 감정에 대한 모욕이라고 분개하는 사람이 많다. 이를테면 완고한 종교 신자인 경우가 그렇다. 그가 다른 사람들의 종교적 감정을 무시한다고 비난을 받게 되면, 비난하는 상대방은 극도의 증오를 자아내는 지겨운 예배나 신조를 고집함으로써 자신의 감정을 무시하고 있는 것이라고 반박하는 것이 보통이다.

그러나 어떤 사람이 자기 자신의 의견에 대해서 품게 되는 감정과 그러한 의견을 가지고 있는 것에 분개하는 다른 사람의 감정 사이에는 아무런 유사점이 없다. 그것은 다른 사람의 돈지갑을 훔치려는 도둑의 욕망과 돈지갑을 빼앗기지 않으려는 정당한 소유자의 욕망이 다른 것과 같다.

사람의 취미는 그의 의견이나 돈지갑과 같이 그 사람의 특유한 관심사이다. 모든 불확실한 일에 관해서 각 개인의 자유와 선택에 일임하여 방해하지 않고 많은 사람들의 보편적인 경험에 의해서 부당한 것으로 단정된 행위만을 하지 못하도록 요구하는 이상적인 사회를 상상하기란 누구에게나 쉬운 일이다.

그러나 자기의 감독권에 그와 같은 제한을 두려는 사회가 일찍이 어디에 있었을까? 또는 사회는 언제 그러한 모든 사람들의 경험을 알아보기 위하여 신경을 쓰게 될 것일까?

각 개인의 행위에 간섭할 때, 사회는 사회 자체에 배반해서 행동하며 감정을 품는 일을 악하고 도덕성이 없는 것으로만 생각할 뿐 그 이외의 것을 생각하는 일은 거의 없다. 이와 같은 판단의 기준은 다소간 위장되어 모든 도덕가와 사상가의 90%에 달하는 사람들에 의해서 종교와 철학이 명령하는 것으로 인류에게 제시되고 있다.

이러한 사람들은 사물은 올바르기 때문에 올바른 것이며, 우리가 그것을 올바르다고 느끼기 때문에 올바르다고 가르친다. 그들은 우리에게 정신과 감정의 깊은 곳을 더듬어서 우리 자신과 다른 모든 사람들을 구속하는 행위의 규칙을 찾아내라고 말한다. 가련하고 어리석은 일반 대중들이 그들과 상당히 일치된다면 그들은 이러한 가르침을 적용하여, 선악에 관한 그들 자신의 개인적인 감정을 전 세계 사람들의 의무로 만드는 것 이외에 달리 무엇을 할 수 있을까?

여기서 지적된 해악은 이론적으로만 존재하는 것이 아니다. 이 즈음에서 현재 우리나라의 대중이 자기가 좋아하는 것에 부당하게도 도덕적 법칙의 성격이 가미된 여러 가지 구체적인 실례들을 열거하는 것이 기대되고 있을지 모른다. 그러나 나는 지금 현재의 도덕적 감정의 올바른 길을 벗어난 탈선에 관해서 논문을 쓰고 있는 것은 아니다.

그것은 단순히 다른 이야기에 곁들여서 덧붙임으로써 또는 한 이론의 예증으로 논의되기에는 너무나 중대한 문제이다. 그렇지만 내가 주장하는 원리가 참으로 사실적인 중요성을 가진다는 것을 분명히 하기 위해서, 그리고 내가 단순히 가상적인 해악에 대해서 방어벽을 쌓아 올리려는 것이 아니라는 것을 분명히 하기 위해서 이 실례들을 거론할 필요가 있다.

도덕적 경찰권이라고도 불려야 할 것의 범위를 넓혀서 조금도 의심의 여지가 없을 정도의 정당한 자유를 침해하는 것은 인간의 심신에 젖어 있는 습관들 중에서 가장 보편적인 습관의 하나라는 것을 많은 실례를 들어서 제시하기란 어려운 일이 아니다.

　먼저 한 실례로 자기네들과는 종교적 의견을 달리하는 사람들이 종교적 의식과 특히 종교적으로 금하고 있는 이른바 종교적 금기를 지키지 않는다는 이유만으로 사람들이 품게 되는 반감에 대해서 생각해 보자.

　그리 중요하지 않은 사소한 예를 든다면, 그리스도 교도의 신조나 풍습들 가운데 그들이 돼지고기를 먹는다는 사실만큼 그들에 대한 마호멧 교도의 증오를 불러일으키는 것은 없다.

　이와 같이 배고픔을 채우는 특유한 방법에 대하여 회교도가 품게 되는 증오를 그리스도 교도와 유럽 사람들이 품게 되는 경우는 거의 없을 것이다. 돼지고기를 먹는다는 것은 우선 무엇보다도 그들의 교리에 대한 배반 행위이다. 그러나 이 사실은 돼지고기를 먹는 것이 왜 그처럼 심한 증오의 대상이 되는지를 결코 설명해 주지 못한다. 왜냐하면 그들의 종교에서는 포도주를 마시는 것도 금지되어 있다. 따라서 포도주를 마시는 것은 모든 회교도에 의해서 나쁜 일로 간주되고 있다.

그러나 혐오해야 할 정도의 것으로는 생각되지 않는다. 이 불결한 짐승에 대한 그들의 혐오감은 포도주의 경우와는 반대로 본능적인 반감과도 같은 특수한 성질을 지니고 있다. 그것은 불결하다는 관념이 일단 감정 속에 깊이 침투되면 평소의 생활이 매우 청결하다고는 도저히 말할 수 없는 사람들의 마음속에도 언제나 일어나게 되는 혐오감이다. 힌두 교도가 갖는 특별히 강렬한 종교적 불결한 느낌은 현저한 한 실례이다.

그러면 회교도가 대부분을 차지하고 있는 국민에게 있어서 대다수가 그 나라의 영토 안에서는 돼지고기를 먹는 것을 금할 것을 주장한다고 상상해 보자. 이러한 일은 회교국에서는 조금도 신기한 일이 아닐 것이다.[36]

좀더 비근한 실례를 들어 보면, 스페인 사람의 대부분은 로마 카

---

36 봄베이의 파르시족(Parsees)의 경우는 매우 흥미로운 적절한 실례이다. 페르시아의 불신교(불을 신격화하여 모시는 신앙)도의 자손인 부지런하고 진취적인 기상이 넘쳐 흐르는 종족이 칼라프(Calinph)의 지배를 피해 고국을 떠나 서부 인도에 도착했을 때, 그들은 쇠고기를 먹지 않는다는 조건부로 힌두 교도의 왕들로부터 신앙의 자유를 허락 받았다. 그런데 그 후 이 지역이 회교도인 정복자들의 지배를 받게 되자 이번에는 돼지고기를 먹지 않는다는 조건부로 그들로부터 신앙의 자유를 계속 허락 받았다. 최초에는 권력자에 대한 복종으로서 되어졌던 것이 어느덧 제2의 천성으로 되었기 때문에 이 파르시족은 오늘에 이르기까지도 쇠고기도 돼지고기도 먹지 않는다. 종교에 의해서 요구된 것이 아니었음에도 불구하고 이러한 이중의 금지제도는 오랜 기간 동안 지속되었기 때문에 마침내 파르시족의 관습으로 되어 버렸다. 그리고 동양에서는 관습이 하나의 종교로 되어 있는 것이다.

톨릭 교회가 시인하는 이외의 방식으로 신을 예배하는 것은 신에 대해 경의를 표하지 않는 것이며 최대의 모독이라고 생각하고 있다. 스페인 국내에서는 다른 어떠한 형식의 예배도 공인을 받지 못하고 있다.

남부 유럽의 모든 사람들은 결혼한 성직자를 신앙심이 없는 불경건한 사람으로 간주할 뿐만 아니라, 음탕하며 야비하고 혐오해야 할 존재로 여긴다. 이와 같은 진심에서 우러나오는 그들의 감정과 카톨릭 교도가 아닌 사람들에 대해 이것과 동일한 반감을 갖게 하려는 기도에 대해서 신교도들은 어떻게 생각할까?

그러나 인류가 다른 사람의 이해에 관계되지 않는 일에 대해서 상호간 개인의 자유에 간섭할 수 있는 것이 정당화된다고 하면, 어떤 원리에 의해서 아무런 모순도 없이 이와 같은 사례를 제외시키는 것이 가능할까? 사람들이 신과 인간의 눈으로 보아 치욕적 행위로 간주되는 것을 억압하려고 하는 것을 어느 누가 감히 비난할 수가 있을까?

개인적인 부도덕으로 간주되는 행위를 금지하기 위해서 제시되는 주장들 중에서 앞서 말한 사람들이 신에 대한 경의를 표하지 않는 일이라고 단정하는 여러 가지 행위를 금지하기 위해서 제시되는 주장처럼 강한 것은 없다.

따라서 우리가 자진해서 박해자의 논리를 채용하지 않는 한, 그리고 우리는 올바르기 때문에 다른 사람들을 박해해도 좋지만 다른 사람들은 잘못되어 있기 때문에 우리를 박해해서는 안 된다고 주장하려는 것을 원치 않는 한, 우리는 우리 자신에게 적용되면 심한 부정이라고 분개하게 되는 원리를 인정하지 않도록 주의하지 않으면 안 된다.

앞에서 제시한 실례에 대해서 우리나라에서 좀처럼 있을 수 없는 우연적인 사례라고 반대 의견이 나올지도 모른다. 왜냐하면 우리나라에서는 여론이 짐승의 고기를 먹지 말 것을 강제하거나, 사람들이 제각기 자신의 신조나 기호에 따라서 예배를 보고, 결혼을 하거나 하지 않는 일에 대해서 간섭하지 않기 때문이다. 그러나 우리는 자유에 대한 간섭에 대해서는 아직도 그러한 간섭의 온갖 위험을 벗어나 있지 못한 형편에 있다.

다음의 실례들은 그와 같은 자유에 대한 간섭으로부터 취해진 것이다. 미국의 뉴잉글랜드와 공화정시대의 영국에서처럼 청교도들이 강력한 세력을 가지고 있었던 곳이라면 어디에서나, 그들은 모든 대중적인 오락과 개인적인 오락을 금지하려고 노력하여 상당한 성공을 거두었다. 특히 음악, 춤, 공개적인 경기나 오락을 위한 집회와 연극이 금지되었다.

우리나라에는 아직도 이와 같은 오락을 옳지 못한 것으로 비난하는 도덕관념과 종교적 의견을 품고 있는 사람들의 대집단이 있다. 그런데 이러한 사람들은 주로 중산계급에 속한다. 이 계급은 현재 영국의 사회적, 정치적 상황에서 점점 더 우세해 지고 있는 세력이기 때문에 이러한 심정을 지닌 사람들이 언젠가는 의회에서 다수의석을 차지하게 되는 것도 결코 불가능한 일은 아닐 것이다.

그런데 그 이외의 사회계급에 속한 사람들이 당연히 그들에게 허용되어야 할 오락이 보다 더 엄격한 캘빈파 교도나 메더디스트 교도의 종교적, 도덕적 감정에 의해 규제되는 것을 좋아할 수 있을까? 그들은 남의 일에 간섭하기를 좋아하는 그 신자들을 향하여 남의 일에 개의치 말고 자기 할 일이나 충실히 할 것을 상당히 강경하게 요구하게 되지나 않을까?

이것은 그들이 좋지 않다고 생각하는 쾌락은 어느 누구도 즐겨서는 안 된다고 맹목적으로 주장하는 모든 정부와 사회를 향해서 주장되어져야 한다. 그러나 이러한 주장이 근거하는 원리가 인정된다면, 한 나라의 대다수의 사람들이나 기타의 지배적 세력의 판단에 따라서 이러한 원리가 실제로 적용된다고 할지라도 누구도 합리적인 반박을 할 수는 없을 것이다.

뉴잉글랜드의 초기 식민자들의 종교적 신앙이 잃어버렸던 기반을 다시 회복하게 된다면 모든 사람들은 이들 식민자들이 이해했던 것과 동일한 그리스도교 공화국에 순응해 갈 마음의 준비를 단단히 해야 할 것이다.

이번에는 앞에서 언급한 것보다 실현될 가능성이 더 많은 사례를 한 번 상상해 보자.

현대의 세계에서는 민주적인 정치제도를 수반하든 않든 간에 명백히 민주적인 사회체제로 나아가려는 경향이 강하게 나타나고 있다. 이러한 경향이 가장 완벽하게 실현되고 있는 나라 — 사회와 정부 모두 가장 민주적인 나라인 미국 — 에서는 너무나 화려하고 값비싸서 도저히 따라갈 수 없는 사치스러운 생활양식이 출현하면 대다수의 사람들은 이에 대해서 불쾌감을 갖기 마련이다.

이러한 다수자의 감정이 상당한 효과가 있는 사치금지법을 낳게 하는 작용을 한다는 것과, 미국 내의 많은 지방에서 거액의 소득을 올리는 사람이 대중의 비난을 사지 않는 소비방법을 발견하기란 몹시 어렵다는 것은 사실로 알려져 있다. 이와 같은 서술은 실제의 사실에 대한 설명으로는 매우 과장된 것이 분명하다.

그러나 이런 사태는 민주적 감정이 개인의 소득에 대한 소비행위에 대해서까지 거부권을 행사할 수 있는 권리가 있다는 생각과 결부되는 경우 발생 가능한 결과일 뿐만 아니라 쉽사리 일어날 수 있는 결과이기도 하다.

한 걸음 더 나아가서 사회주의적인 의견이 상당히 널리 보급된 경우를 한 번 상상해 보기로 하자. 그럴 경우에는 근소한 액수 이상의 재산을 갖는 것과 또는 많든 적든 육체노동이 아닌 다른 것에 의해서 소득을 얻는 것은 파렴치한 것으로 생각될 것이다.

원칙적으로 이러한 의견은 이미 직공계급 사이에 널리 보급되어 있으며, 주로 이 계급의 의견에 따라가지 않으면 안 될 사람들, 즉 이 계급의 구성원들을 압도적으로 지배하고 있다. 산업의 많은 부분에서 직공의 대다수를 차지하고 있는 미숙련 노동자들은 다음과 같은 강경한 의견을 품고 있는 것으로 알려져 있다.

'어느 누구도 일한 분량대로 지급 받는 일이나 우수한 기능이나 근면에 의해서 그렇지 못한 다른 직공들이 벌 수 있는 소득 이상의 많은 소득을 얻는 것을 허용해서는 안 된다.'

그들은 도덕적 제재에 의해서 때로는 완력적 제재까지도 구사하여 보다 유용한 노동에 대해서 보다 많은 보수를 숙련 노동자들이 받는다든가 고용주들이 그러한 많은 보수를 이들에게 지급한다든가 하는 것을 저지시키려고 한다. 사회가 사적인 일에 간섭할 수 있는 권리를 갖는다면 이들 미숙련 노동자들이 잘못되었다고는 생각할 수 없으며, 일반 사회가 일반 대중에 대해서 주장하는 권위를 특정한 사회가 개인의 행위에 대해서 주장하는 것에 대해 비판할 수 없다고 생각한다.

　그러나 가상의 경우를 장황하게 늘어놓을 필요도 없이 오늘날에
있어서도 개인의 사생활에 대한 부당한 침범은 현실로 나타나고
있으며, 앞으로 훨씬 더 부당한 침범이 감행될 것 같은 두려움조차
든다. 사회에는 사회가 잘못되었다고 생각하는 모든 것을 법으로
금지할 수 있을 뿐만 아니라, 사회가 잘못되었다고 생각하는 것을
억압하기 위해서 어쩔 수 없이 사회 자신이 별로 해롭지 않다고 인
정하는 많은 일까지도 금지할 수 있는 무제한의 권리가 있다고 주
장하는 의견도 제시되고 있다.

　알코올 중독을 방지한다는 명목 하에 영국의 한 식민지의 주민
들과 미국의 거의 반수에 달하는 사람들은 의료의 목적 이외에는
어떠한 발효성 음료의 사용도 법률로 금지 당하고 있다. 왜냐하면
그것이 본래 의도하고 있는 바와 같이 발효성 음료의 판매를 금지
하는 것은 실제로 그러한 음료의 사용을 금지하는 일이 되기 때문
이다.[37]

　이러한 법률을 실행하기란 실제로는 불가능하기 때문에 이 법률
을 채택했던 몇몇 주에서는 폐기하기에 이르렀다. 그 중에는 금주

---

37 | 이 금주법 발상지는 미국의 메인 주다. 그래서 이 금주법은 메인법이라고 한다.

법의 발상지였던 메인 주까지도 포함되어 있다. 이러한 실정임에도 불구하고 우리나라에서 금주법을 만들려는 운동이 개시되어 이른바 박애주의자라고 자처하는 많은 사람들에 의해서 상당히 열성적으로 추진되고 있다.

이러한 목적을 위하여 설립된 협회라든가 그 협회에 의해 동맹이라고 불리는 단체는 그 협회의 간사와, 정치가의 의견은 모름지기 원리 원칙에 입각해야 한다고[38] 생각하는 극소수의 영국의 공인들 중의 한 사람과의 사이에 교환된 서신이 공개됨으로써 세상 사람들의 비판의 대상이 되어 왔다.

다음과 같은 사실을 알고 있는 사람들, 즉 스탠리 경의 공적 태도에서 분명히 보여지는 자질은 정계에서 크게 명성을 떨치고 있는 명사들 중에서는 좀처럼 찾아보기 어렵다는 사실을 알고 있는 사람들은 일찍부터 그를 신망해 왔다. 그러한 통신에서 스탠리 경이 수행한 역할은 그러한 신망을 더욱 두텁게 한 것으로 생각된다.

동맹의 대변자인 간사는 편협과 박해를 정당화시키기 위하여 악용될 수 있는 원리가 승인되는 것을 매우 유감스럽게 생각해 온 사람이었다. 그는 그러한 원리와 협회의 원리의 사이에는 넓고도 좀

---

38 ┃ 1853년에 창립된 영연방 금주동맹을 가리킨다.

처럼 넘을 수 없는 벽이 가로놓여 있다는 것을 지적하려고 했다. 그는 다음과 같이 말했다.

"사상이나 의견이나 양심에 관계되는 모든 사항들은 입법의 범위 밖에 있는 것으로 생각된다. 사회적 행위나 습관이나 인간관계에 대해서가 아니라 국가 자체에 부여된 자유재량의 권력에만 복종해야 할 사항은 모두 입법의 범위 안에 드는 것으로 생각된다."

이 둘 가운데 어느 것에도 속하지 않는 제3의 종류라고 할 수 있는 것, 즉 사회적이 아니라 개인적인 행위와 습관에 대해서는 아무런 언급도 되어 있지 않다. 그런데 발효성 음료를 마신다는 행위는 확실히 이 제3의 종류에 속하는 것이다. 확실히 주류를 판매하는 것은 상행위이며, 상행위는 하나의 사회적 행위이다.

그러나 스탠리 경에 의해서 비난되고 있는 자유의 침범은 판매자의 자유에 관한 것이 아니라, 구매자 즉 소비자의 자유에 관한 것이다. 왜냐하면 국가가 의도적으로 주류를 사들이지 못하게 하는 것은 음주를 금지시키는 것과 같기 때문이다. 그러나 이 협회의 간사는 "나는 한 시민으로 나의 사회적 권리가 다른 사람의 사회적 행위에 의해서 침해당할 때 나는 언제나 입법의 권리를 요구하는 것이다."라고 말하고 있다.

그러면 여기에서 말하는 이른바 사회적 권리의 정의가 어떤 것인지를 그에게서 들어보도록 하자.

"나의 사회적 권리를 침해하는 것이 있다고 한다면 주류의 판매가 그것이다. 사회적 혼란을 끊임없이 야기 시키고 자극시킴으로써 주류의 판매는 나의 기본권인 안전권을 파괴한다. 그것은 술로 가산을 망치는 빈곤한 계층을 — 나의 세금은 바로 이러한 계층을 구제하기 위해서 사용되어야 할 것이지만 — 만들어 내는 데서 이익을 얻는 행위인데, 이렇게 함으로써 나는 평등권을 침범 당하게 된다. 그것은 나의 앞길을 여러 위험으로 둘러막아 내가 당연히 상호간의 부조와 교제를 요구할 권리가 있는 사회를 약화시키며 타락케 함으로써 나의 자유롭고 도덕적이며 지적인 발전의 권리를 방해하는 것이다."

이것이 그가 설명하는 '사회적 권리'이다. 이러한 종류의 이론이 명백하게 언어로 표명되기는 아마 이 때가 처음일 것이다. 이것은 바로 다음과 같이 말하는 것과 같다.

"다른 모든 사람들로 하여금 모든 것에서 자신이 행하는 것과 전적으로 동일한 행위를 하도록 하는 것은 각 개인의 절대적인 사회적 권리이다. 이에 관해 조금이라도 실수를 저지르는 자는 누구든지 나의 사회적 권리를 침해하는 것이다. 이럴 경우 나는 입법부에 대하여 이러한 불평의 씨를 제거해 주도록 요구할 권리를 갖는다."

이 기괴하기 짝이 없는 원리는 자유에 대한 다른 어떠한 침범보다도 훨씬 더 위험하다. 자유에 대한 어떠한 침해도 이 원리에 의해서 정당화되지 않는 것은 없다. 이 원리는 자기의 의견을 가슴속 깊이 간직하고 일체 입 밖에 내지 않을 자유만을 제외하고는 어떠한 자유에 대한 권리도 인정하지 않는다.

왜냐하면 내가 해롭다고 생각하는 의견이 누군가의 입을 통해서 발설되자마자, 그 의견은 앞에서 언급한 동맹이 나에게 있다고 인정한 사회적 권리의 일체를 침해하는 것이 되기 때문이다.

이 학설에 따르면 모든 인간은 각 권리자에 의해서 그들 자신의 표준에 따라서 규정되는 상호간의 도덕적이며 지적인 완성에 대해서, 그리고 심지어는 육체적 완성에 대해서 관여할 수 있는 기득권을 갖게 된다.

개인의 정당한 자유에 대한 부당한 간섭의 또 하나의 중대한 실례로 그것도 단순히 실현될 두려움이 있다는 데 그치는 것이 아니라 이미 오래 전부터 성공리에 실행되어 온 것으로 안식일 준수법이 그것이다. 생활에 각별하게 절박한 사정이 없는 한 일주일에 하루씩 일상적 업무를 쉰다는 것은 유대인 이외의 어느 누구도 종교적으로 구속하는 것은 아니지만 분명히 매우 유익한 습관이다.

이러한 습관은 근로계급의 사람들 사이에 일주일에 하루는 휴업을 하자는 일반적 협정이 설립되지 않고서는 준수될 수 없는 것이기 때문에 어떤 사람이 휴일에도 일을 하게 되면 다른 사람들도 일을 하지 않을 수 없게 되는 사정 하에 있는 한, 법률이 특정한 날에 산업의 대규모적인 조업을 정지시킴으로써 각 개인에게 다른 사람들의 공휴일 준수의 습관을 보장해 주는 것은 허용될 수 있는 일일 뿐만 아니라 타당성이 있는 일일 것이다.

그러나 이러한 타당성이라는 것은 각자가 이러한 습관을 준수하느냐 준수하지 않느냐가 다른 사람의 이해관계에 직접 영향을 미친다는 것을 근거로 하고 있으므로, 한 개인이 자기의 여가를 보내기에 적당하다고 생각하여 스스로 선택한 날에 대해서까지 적용될 수 없다. 이것은 휴일의 오락을 법률로 금지하려는 것에 대해서도 적용될 수 없는 것이다.

확실히 어떤 사람들의 오락이 다른 사람들에게는 노동이다(A를 즐겁게 하는 것은 B에게는 일하는 것이 된다.). 그러나 그 일이 자유로이 선택할 수도 그만 둘 수도 있는 한 다수의 사람들에게 즐거움을 주는 것은 유익한 휴양이라고까지는 할 수 없다고 하더라도 소수의 사람들이 그것을 위해서 노동할 만한 가치가 있는 일이다. 모든 사람들이 일요일에도 일을 한다면 6일분의 임금을 받고 7일분의 노동을 제공하지 않으면 안 되게 될 것이라고 직공이 생각하는 것은 전적으로 옳은 생각이다.

그러나 대부분의 업무가 정지되고 있는 한 다른 사람들의 향락을 위해서 여전히 쉬지 않고 일하지 않으면 안 되는 소수의 사람들은 그것에 상응하는 수입을 얻게 된다. 그러나 그들도 돈을 벌기보다는 여가를 즐기기를 원한다면 구태여 이러한 일에 종사해야 할 의무는 없다. 이 밖에도 이것을 시정하는 방법을 찾는다면 그것은 이러한 특정 부류의 사람들을 위하여 일요일 이외의 다른 날을 휴일로 하는 관습을 확정하는 일일 것이다.

따라서 일요일의 오락 금지를 변호할 수 있는 유일한 근거는 일요일의 오락은 종교적으로 보아 잘못이라는 것에 귀착될 것임에 틀림이 없다. 그러나 그와 같은 것을 입법의 동기로 삼는 것은 아무리 강렬하게 항의를 받아도 지나치지 않다고 생각될 정도로 불합리한 동기이다.

'사람들의 신에 대한 불의는 신에게는 걱정거리다. 신에 대한

불의는 신이 이것을 재판하신다.'[39]

　사회나 사회의 임원들 중의 누군가가 전지전능한 신에 대해서 죄를 범한 것으로 추정되어도 우리의 동포에 대해서 해가 되지 않는 행위에 대해서 보복할 수 있는 사명을 하늘로부터 받았는가의 여부는 아직 증명되지 않은 채로 남겨져 있다. 다른 사람을 종교적으로 만드는 것이, 즉 다른 사람들로 하여금 종교적 신앙을 갖도록 하는 것이 인간의 의무라는 관념은 이제까지 범해 온 모든 종교적 박해의 바탕을 이루어 왔다.

　이러한 관념이 시인된다면 그것은 이러한 박해를 충분히 정당화시키게 될 것이다. 일요일에 기차여행을 금지시키려는 여러 차례의 기도나, 일요일에 박물관을 개관하는 것을 반대하는 운동 등에서 나타나는 감정은 옛날의 박해자들이 보여준 잔인성은 지니고 있지 않다고 하더라도 그 정신상태는 근본적으로 박해자의 그것과 조금도 다름이 없다.

　그것은 다른 사람들이 그들의 종교에서 허용하는 것을 행하는 것을 — 박해자의 종교에서는 허용되어 있지 않다는 이유로 — 관대하게 용서하지 않겠다는 결의이기도 하다. 그것은 신은 단지

---

39 │ 신들에 대한 offences는 신들에 대한 관심이다.

그릇된 신앙을 가진 자의 행위를 싫어할 뿐만 아니라, 우리가 그러한 그릇된 신앙을 가진 자를 그가 하는 대로 무사하게 내버려둔다면 도리어 우리까지도 죄가 없다고는 생각하지 않을 것이라는 신앙이다.

이상은 일반적으로 인간의 자유가 얼마나 경시되고 있는가를 기술한 실례들이다. 나는 여기에 다음과 같은 실례를 하나 더 첨가해서 설명해 보려고 한다. 보통 종교와는 색다른 몰몬교에 대해 우리나라의 신문이 주의를 환기시킬 필요를 느낄 때마다 언제나 폭발하는 노골적인 박해의 말이 그것이다.

이른바 새로운 계시라고 자칭하는 것과, 이것에 기반을 둔 하나의 종교가 — 분명히 한 기반의 소산으로서 그 창시자가 이렇다 할 뛰어나게 비범한 자질의 위력을 갖추지 못한 하나의 종교가 — 신문과 철도, 그리고 전신의 시대에 수십만 사람들의 신앙이 되어 한 사회의 기초가 되었다고 하는 좀처럼 예상할 수 없었던 교훈적인 사실에 대해서 많은 이야기가 될 수 있을 것이다. 그러나 여기에서 우리가 관심을 갖게 되는 것은 이 종교도 다른 보다 나은 종교들과 마찬가지로 순교자를 가지고 있다는 점이다.

이 종교의 예언자이며 창시자이기도 했던 인물은 그 가르침 때문에 폭도에 의해서 살해되었다. 그 밖의 다른 신도들도 동일한 무

법적인 폭력에 의해서 목숨을 잃었다. 신도들은 모조리 그들이 태어나서 자란 고향 땅으로부터 집단적으로 강제 추방당했다.

그런데 그들이 외딴 벽지로 쫓겨 들어가게 되자, 우리나라의 많은 사람들은 그들에게 원정군을 파견하여 다른 사람들의 의견에 따르도록 힘으로 강제하는 것이 옳을 것이라고(손쉬운 일은 아니지만) 공공연하게 선언하고 있다.

몰몬교의 교리 중에서 특히 이와 같이 일반적인 종교적 관용의 자제를 깨뜨리는 반감을 자아내는 주된 요인은 일부다처제를 시인하는 조항이다. 일부다처제는 회교도, 힌두교도, 중국인에게도 허용되어 있다. 그러나 영어를 사용하고, 그리스도 교도라고 자칭하는 사람들이 이 제도를 실행할 때 억제할 수 없는 증오심을 불러일으키는 것 같다.

몰몬교의 이러한 제도를 부당하다고 비난하는 점에서는 나도 그 누구에 뒤지지 않는다. 여러 가지 이유가 있지만 그것과 더불어 특히 이 제도가 자유의 원리에 의해서 시인되기는커녕 자유의 원리를 직접 침범하는 것이기 때문이다. 이 제도는 사회의 반을 차지하는 인간을 사슬로 얽매어 놓고 이들에 대한 상호적인 의무로부터 나머지 반의 인간을 해방시킴으로써 정면으로 자유의 원리를 침범하고 있다.

그러나 여기에서 잊어서는 안 되는 것은 이러한 일부다처의 관계가 그 당사자이며 피해자들이라고 생각되는 부인들의 자유의사에 의해서 만들어진 것이며, 그것은 다른 어떠한 형태의 결혼제도와 동일하다고 하는 점이다. 이러한 사실은 언뜻 보아서는 매우 놀랍게 보인다고 하더라도 세상의 통념에 의거해서 설명이 된다.

세상 일반의 생각이나 관습은 여성들에게 결혼은 여성들로서는 반드시 해야만 할 유일하게 필요한 일로 생각하도록 가르침으로써, 많은 여성들이 남의 아내가 되지 못하는 것보다는 차라리 여러 아내들 가운데 한 사람으로라도 되는 것을 택하는 것이 낫다고 여기도록 하는 것이다.

다른 여러 나라에서는 이와 같은 부부관계를 인정하도록 요구되지도 않으며, 국민의 일부분이 몰몬교의 사상을 품고 있다고 해서 그들에 대해서 자국의 법률 적용을 면제해 주도록 요구되는 것도 아니다.

그러나 일반적인 세상 사람들과 의견을 달리하는 사람들이 적의에 찬 감정에 대해 상대방의 당연한 요구 이상으로 더 많은 것을 양보하며, 그들의 교리가 받아들여지지 않았던 나라들을 떠나 낯선 땅 한구석에 정착하여 처음으로 인류가 거주하기에 적합하도록 개척해 놓았을 때, 그들이 다른 국민에 대해서 침략도 하지 않고 그들의 풍습에 불만인 사람들에 대해서 퇴거의 자유를 허용하고 있는 한, 그들이 자기네들이 원하는 법률 밑에서 생활하는 것을 금지할 수 있는 원리가 있을까? 있다고 하면 그것은 압제의 원리일 것이다.

최근 어떤 면에서 상당한 공적을 보인 어느 저술가가 이 일부다처제의 사회에 대해서 (그 자신의 말을 빌면) 십자군이 아닌 문명 원정군을 보낼 것을 제안하고 있다. 그에게는 문명의 퇴보로 밖에 보이지 않는 일부다처제를 폐지시키기 위해서이다. 일부다처제는 내가 생각하기에도 명백한 문명의 퇴보이다. 그러나 한 사회가 다른 사회에 대해서 문명화를 강제할 수 있는 권리를 가지고 있다고는 생각하지 않는다.

악법으로 고통을 겪고 있는 사람들이 다른 사회로부터의 구원을 간청하지 않는 한, 그들과는 아무런 관계도 없는 사람들이 함부로 뛰어들어 다음과 같이 요구하는 것을 나는 승인할 수 없다. 그것에 직접 관계하는 모든 당사자들이 만족하는 사회상태가 그것에 아무런 관계도 없는 수천 마일이나 떨어진 곳에 사는 사람들에게 분개해야 할 것으로, 즉 하나의 스캔들로 보인다는 이유에서 그것은 마땅히 폐지되어야 한다고 요구하는 것을 승인할 수 없다.

당사자가 아닌 사람들은 원한다면 선교사를 파견하여 그러한 제도에 반대하는 설교를 하게 하면 좋을 것이다. 어떤 공정한 수단을 사용하여(몰몬교의 선교사를 억압하는 것은 공정한 수단일 수 없다.) 몰몬교의 교리가 그들 자신의 국민들 사이에 보급되는 것을 저지시키는 것이 좋을 것이다.

야만 세력이 온 세계를 지배하고 있었을 때 문명이 그것과 싸워서 승리를 거두었다고 한다면, 그 야만 세력이 이미 충분히 정복된 후에도 다시 세력을 만회하여 문명을 정복하게 되지나 않을까 하는 우려를 운운하는 것은 쓸데없는 걱정이다. 만약 그렇게 된다면 일단 정복한 적군이 임명한 수도승이나 선교사, 그 외 다른 어떠한 인물도 이와 같은 문명을 옹호할 능력이 없고 그런 노력을 할 의사도 없을 정도로 타락해 버린 문명임에 틀림없을 것이다.

그러한 문명이라면 퇴거 명령을 받는 것이 빠르면 빠를수록 좋을 것이다. 그러한 문명은 날이 갈수록 더욱 악화일로를 달려 열정이 왕성한 야만인들에 의해서 서로마 제국처럼 멸망되고 다시 살아날 수밖에 없을 것이다.

5

원리의 적용

자유의 원리는 자유를 포기해 버리는 것도
자유롭지 않으면 안 된다는 것을 요구하는 것은 아니다.
자신의 자유를 포기해 버리는 것이 허용된다는 것은 자유가 아니다.

제5장 _ 원리의 적용

　이상의 여러 단원에서 주장된 원리들은 세부사항을 논하는 기초로써 한층 더 널리 일반에게 인정되지 않으면 안 된다. 그렇게 된 후에 정치나 도덕의 여러 모든 부분들에 이러한 원리가 모순 없이 일관성 있게 적용되면, 어느 정도의 효과를 기대할 수 있을 것이다.

　이제부터 나는 몇 가지 세부적인 문제들을 고찰해 보려고 한다. 그것은 이러한 원리를 추구하여 그 귀결을 확인하려는 것보다는 오히려 이러한 원리를 예증하기 위한 것이다. 나는 많은 적용보다는 적용의 견본을 보여 주려고 한다. 그러는 편이 이 논문의 전체 요지를 구성하는 두 공리의 의의와 한계를 한층 더 명료하게 하는 데 도움이 될 것이다. 그리고 그것은 두 개의 성공 중 어느 것이 당면한 사례에 적용될 수 있는가가 의심스러울 때, 어느 한 쪽을 결정하는 경우 판단을 돕는 데도 유익할 것이다.

그 두 공리들 중 첫째 것은 개인은 자신의 행위가 자신 이외의 어느 누구의 이해와도 관계되지 않는 한에 있어서는 사회에 대해서 책임을 질 필요가 없다는 것이다. 충고하는 것, 가르치는 것, 설득하는 것, 또는 다른 사람들이 자신들의 이익을 위하여 필요하다고 생각할 때에는 그 행위를 피하는 것, 이와 같은 것은 개인의 행위에 대해서 사회가 혐오감이나 비난을 표명하기 위하여 정당하게 사용해도 좋은 유일한 수단이다.

둘째의 것은 다른 사람의 이익을 해치는 행위에 대해서는 개인에게 책임이 있다. 사회가 방어를 위해서 사회적 징벌이나 법률적 형벌이 필요하다고 생각하면 개인은 그 중 어떤 처벌을 받아도 무방하다는 것이다.

그러나 다른 사람의 이익에 손해를 끼치든지 또는 그럴 염려가 있을 때에만 사회의 간섭이 정당화된다고 해서, 언제나 그와 같은 간섭이 실제로 정당화된다고 생각해서는 결코 안 된다. 많은 경우에 있어서 비록 개인이 정당한 목적을 추구하더라도 필연적으로 다른 사람에게 고통이나 손실을 주든지, 다른 사람이 정당한 이유에 근거하여 획득하려는 이익을 도중에서 빼앗는 일이 있다. 이러한 개인과 개인간의 이해의 대립은 흔히 나쁜 사회제도로부터 생겨나는 것이다.

이와 같은 제도가 존속되는 한 개인과 개인간의 대립은 피할 수 없다. 어떠한 제도라 하더라도 피할 수 없는 이해의 대립도 있다. 동업자가 범람하고 있는 직업이나 경쟁시험에서 성공을 거두는 자, 또는 두 사람이 동일한 목표를 두고 경쟁할 경우에 상대방을 물리치고 선택된 자는 누구라도 다른 사람에게 손실을 주며, 다른 사람의 노력을 헛되게 하고 다른 사람을 실망시키게 함으로써 이익을 얻는다.

그러나 이와 같은 결과에 구애받지 않고 자신의 목적을 추구해 가는 것이 인류 전체의 이익이라고 일반에게 인정되고 있다. 바꾸어 말하면 사회는 경쟁에서 패하여 실의에 차 있는 경쟁자에 대해서 법적으로도 도덕적으로도 이러한 종류의 고통으로부터 벗어날 수 있는 권리 — 그와 같은 비참한 결과에 빠지지 않도록 보장해 줄 것을 요구하는 권리 — 를 절대로 인정해 주지 않는다.

사회는 다만 성공을 위한 수단으로써 일반의 이익에 위배되는 수단, 이를테면 사기, 배신, 폭력들과 같이 그것을 허용하면 일반의 이익에 위배되는 수단이 사용될 경우에 한해서 간섭의 필요를 느끼는 것이다.

다시 말해 상거래는 하나의 사회적 행위이다. 어떠한 종류의 물품이든 이것을 일반 대중에게 팔려고 하는 사람은 누구나 다른 사람들과 일반의 이익에 영향을 미치는 행위를 하는 것이므로, 그의 행위는 원칙적으로 사회의 관할에 들어가게 된다.

따라서 종전에는 중요하다고 생각되는 모든 상거래에서 판매가격을 정하고 상품의 제조과정을 통제하는 것이 정부의 의무라고 생각되었던 때가 있었다. 그러나 오늘날에 와서는 — 물론 오랜 기간에 걸친 투쟁을 겪은 후에 이룩된 것이지만 — 일반에게 다음과 같은 사실이 인정되게 되었다.

생산자와 판매자에게 완전한 자유를 허용하는 동시에 고객에게도 어떤 곳에서나 자유롭게 상품을 구입할 수 있도록 함으로써 값싸고 품질 좋은 물품이 가장 효과적으로 공급된다는 것이다. 이것이 이른바 자유교역론이다. 이것은 본 논문에서 주장되고 있는 개인의 자유의 원리와 마찬가지로 튼튼하고 충실하다는 점에서는 같지만, 그것과는 다른 근거에 기인하고 있다.

상거래에 대한 제한이나 상거래를 목적으로 하는 생산에 대한 제한은 말할 필요도 없이 일종의 제한이다. 모든 제한은 그것이 제한인 한 하나의 해악이다. 그러나 여기서 문제로 삼는 제한은 인간의 여러 행위들 가운데 사회가 당연히 제한을 할 수 있는 권한을 가지고 있는 부분에만 가해질 수 있다. 그러한 제한은 그것에 의해서 얻고자 하는 성과가 실제로 얻어지지 못하는 경우에 있어서만 잘못된 것으로 된다.

개인의 자유의 원리가 자유교역의 이론 속에는 포함되지 않는 것과 같이 이 이론의 한계에 관해 발생되는 대부분의 문제에도 포함되지 않는다. 이를테면 거칠고 나쁜 품질을 섞어서 품질을 저하시키는 사기행위를 방지하기 위해서는 어느 정도의 사회적 통제가 허용되어야 하는 것인지, 위험한 작업에 종사하는 노동자들을 보호해 주기 위한 위생상의 예방책이나 설비를 어느 정도까지 고용주에게 강제해야 하는 것인지의 문제가 그것이다.

그러한 문제들은 사람들을 통제하기보다는 자유롭게 방임해 두는 편이 항상 보다 나은 결과를 가져오는 경우에 있어서만 자유에 대한 고려를 하게 된다.[40] 그러나 위에서 언급한 바와 같은 목적을 위하여 사람들이 합법적으로 통제될 수 있다는 것은 원칙적으로 부정할 수는 없다.

다른 한편으로는 상거래에 대한 간섭과 관계가 있는 문제들 가

---

40 | 평등해지려는 것들을 가리킴.

운데 본질적으로 자유의 문제에 속하는 것이 있다. 이를테면 앞서 언급한 적이 있는 메인법, 중국에 대한 아편의 수입금지, 독약 판매의 제한 등과 같이 특정한 물품의 입수를 불가능하게 하는 것이 간섭의 목적으로 되어 있는 모든 사례들이다. 이러한 간섭은 물품의 생산자나 판매자의 자유를 침범하기 때문이 아니라 구매자의 자유를 침해한다는 의미에서 반대의 여지가 있다.

위에서 제시한 실례의 하나인 독약 판매의 예는 새로운 문제를 제기한다. 그것은 경찰의 권능이라고 할 수 있는 정당한 한계의 문제이다. 다시 말해 그것은 범죄나 우발적 사고를 예방하기 위해서 과연 어느 정도까지 합법적으로 자유를 침해할 수 있는가의 문제이다. 범죄가 저질러지기 전에 예방책을 강구하는 것은 범죄가 저질러진 후에 그것을 수사해서 처벌하는 것과 같이 정부의 명백한 직무 중 하나이다.

그러나 정부의 예방적인 권능은 처벌의 권능 이상으로 훨씬 더 남용되어 자유를 침해하기 쉽다. 왜냐하면 인간의 정당한 자유행위의 부분을 보더라도 그것이 어떤 형태의 범죄를 유발케 할 가능성을 증가시켜 주는 것으로 보여지지 않는 것은 없고, 그렇게 보여지는 것이 당연하기 때문이다. 그렇지만 당국자는 물론, 일개의 개인이라도 어떤 사람이 명백히 범죄를 저지르려 하는 것을 발견한다면 그 범죄가 저질러질 때까지 간섭하지 않고 그대로 둘 필요는 없으며, 그것을 방지하기 위해서 즉각 간섭해도 좋다.

독약이 살인 이외의 다른 목적으로 구입되거나 사용되는 일이 없다면 제조와 판매를 금하는 것은 정당한 처사일 것이다. 그러나 독약은 무해한 목적을 위해서 뿐만 아니라 유익한 목적을 위해서도 요구되어지는 것이므로, 전자의 경우에 대해 제한을 가하면 반드시 후자의 경우에까지 영향을 미치게 된다.

우발적인 사고를 방지하는 것도 당국자의 정당한 직무이다. 공무원이나 다른 누군가가 확실히 위험하다고 인정되는 다리를 건너려는 사람을 보았을 때, 게다가 그 사람에게 다리가 위험하다는 사실을 알릴 시간적 여유마저 없을 때, 그를 붙잡아 되돌아오게 하는 것은 실제로 그 사람의 자유를 침해한 것이 아니다. 왜냐하면 자유는 자기가 원하는 것을 하는 것인데, 그 사람은 강물에 떨어지는 것을 원하지는 않기 때문이다.

그러나 재해가 있을지 확실치 않고 두려움만이 있을 때 감히 그러한 위험을 저지를 만한 동기가 있는가의 여부를 판단할 수 있는 사람은 당사자 이외에는 없다. 그러므로 이러한 경우에 — 그가 어린아이나 정신착란자도 아니며 충분히 사고할 수 있는 능력이 없을 정도의 흥분 상태나 망아의 상태에 있지 않는 한 — 당사자에게는 위험을 경고해 주는 데 그쳐야 하며, 그가 위험한 행위를 스스로 감행하려는 것을 강제적으로 저지시킬 것은 아니라고 생각한다.

독약 판매와 같은 문제에도 이것과 비슷한 고찰을 적용한다면 우리는 가능한 여러 가지 통제 방법들 중에서 어느 것이 자유의 원리에 위배되며, 어느 것이 위배되지 않는 것인가를 결정할 수 있을 것이다. 이를테면 약품의 위험한 성질을 표시한 주의서를 그 약품에 붙이는 예방책은 자유를 조금도 침해하지 않고서도 강제할 수 있을 것이다. 왜냐하면 독약을 사들이는 사람이라면 자기가 소유하는 약품 속에 유독한 성질이 있다는 것을 모르고자 할 이유가 없기 때문이다.

그러나 모든 경우들에 대해 의사의 증명서가 필요하다고 하면 그것은 정당한 사용을 위하여 그 약품을 입수하는 것을 때로는 불가능하게 하며 비용도 더 들게 마련이다. 독약을 사용해서 범죄를 저지르기에는 장애가 되지만, 그 이외의 목적을 위해서 독약을 원하는 사람들의 자유에 대해서는 새삼스럽게 우려할 정도의 침해로는 되지 않는 유일한 묘안이 있는 것으로 생각한다.

그것은 벤덤의 표현이 적절한데, 미리 지정되어 있는 증거인 예정적 증거[41]라고 불리는 것을 미리 규정해 놓은 것이다. 계약을 맺을 때 사용하는 이러한 방법을 누구나 잘 알고 있다. 계약이 체결될 때 법률은 그 계약의 이행을 강제하기 위한 조건으로 서명이나 입회한 증인의 증명들과 같은 일정한 형식을 밟을 것을 요구하는 것이 통례이며 당연하다.

그것은 뒷날 계약에 이의가 생겼을 때 그 계약이 실제로 체결되었다는 것과, 그 계약을 법적으로 무효화시킬 만한 아무런 이유도 없었다는 것을 보이는 증거로 삼기 위해서다. 이것에 의해서 허위 계약이 폭로되는 날이면 그 계약을 무효화시킬 수도 있는 계약의 체결이 매우 곤란하게 될 수 있다.

이것과 같은 성질의 예방책은 범죄의 수단으로 되기에 적합한 물품의 판매에 있어서도 강제될 수 있을 것이다. 이를테면 판매자에 대해서, 물품 매매의 정확한 시간, 구매자의 성명과 주소, 판 물품의 정확한 질과 양을 장부에 기입케 하며, 어떠한 목적으로 그 물품을 사려고 하는지를 묻고 그에 대한 대답도 아울러 기록케 해도 좋을 것이다.

구매자가 의사의 처방전을 가지고 있지 않고 뒷날 그 물품이 범

---

41 벤덤의 Rationale of judicial Evidence 제4권을 참조(Benthan, Collected Works, ed, John Bowling, London 1843.)

죄 목적에 사용되었다고 믿을 만한 이유가 생겼을 때, 그 구매자에게 구매 사실을 인정케 하기 위해서 누군가가 제삼자의 입회를 요구해도 좋을 것이다. 이와 같은 통제는 일반인이 그러한 물품을 입수하는 데 대해서는 실질적으로 그다지 중대한 장애가 되지 않는다. 그러나 이러한 통제는 사람의 눈을 속여서 그것을 악용하려는 자에 대해서는 매우 커다란 장애물이 될 것이다.

사회는 그 사회에 대한 범죄를 미연에 방지할 수 있는 권리를 본래부터 가지고 있다. 이러한 사회 고유의 권리는 순전히 자기에게만 관계되는 개인의 나쁜 행위에 대해서 금지나 처벌의 형식으로 간섭하는 것은 부당하다는 공리에는 분명히 한계가 있음을 암시해 준다.

이를테면 술 주정은 보통의 경우에는 법률의 간섭을 받을 성질의 것이 아니다. 그러나 과거에 술에 취하여 다른 사람에게 폭행을 가했다는 이유로 유죄 선고를 받은 적이 있는 사람이 그 자신에게만 개인적으로 적용되는 특별한 법적 제약 아래에 놓인다는 것은 전적으로 옳은 일이라고 생각한다. 그가 후일 또 다시 술 주정을 하는 것이 발견된다면 그는 당연히 처벌을 받아야 할 것이다.

그가 술 주정을 하면서 또 다시 죄를 범하게 된다면 재범에 대해서 부과되는 형벌은 한층 더 엄해져야 한다는 것도 옳다고 생각한다. 술에 만취되면 흥분하여 다른 사람에게 해를 끼치게 되는 사람에게는 술 주정을 한다는 것도 다른 사람에 대한 범죄 행위이다.

　아무리 사람이 게으르다 할지라도 그 사람이 사회의 도움을 받고 있다든지 게으름 때문에 계약이 파기라도 되지 않는 한, 그에게 법적 제재를 하는 것은 압제일 뿐이다. 그러나 그가 게으름이나 다른 피할 수 있는 원인 때문에 다른 사람에 대한 법적 의무, 이를테면 자식들을 부양해야 하는 의무를 다하지 못할 때, 달리 적당한 방법이 없다면 강제노동에 의해서 그 의무의 이행을 그에게 강요하는 것은 결코 압제가 아닌 것이다.

　직접적으로 자기 자신에게만 해를 주기 때문에 법적으로 금지될 성질의 것은 아니지만, 그것이 공중의 앞에서 공공연히 행해지게 되면 미풍양속을 해치게 되어 다른 사람에 대한 범죄의 범주 속에 들어가기 때문에 당연히 금지되어져야 할 행위들이 많이 있다. 풍기를 문란케 하는 죄도 이러한 종류 중 하나이다. 이것에 관해서는 여기서 상세히 논할 필요가 없을 것이다.

　이런 종류의 행위는 우리의 주제와는 간접적인 관계를 맺고 있을 뿐이므로 그럴 필요는 더욱 없다. 그 자체는 조금도 비난받을 만한 것도 아니고 비난받아야 할 성질의 것으로도 생각되지 않는 행위일지라도 그것이 공중의 면전에서 행해지는 것에 대해서 강한 반대가 있게 되는 예는 적지 않다.

지금까지 기술해 온 여러 가지 원리와 서로 모순되지 않는 해답을 주지 않으면 안 될 또 하나의 문제가 있다. 어떤 사람이 당연히 비난을 받아야 할 행위를 했는데도 직접 그 행위로부터 초래되는 해악이 행위자 자신에게만 미친다는 이유에서 자유를 존중하는 나머지 사회가 그 행위를 금지하지도 처벌하지도 않는다고 하자. 이럴 경우 그 행위자가 자유롭게 할 수 있는 행위에 대해서 다른 사람들이 권장하든지 선동해도 좋은 것일까?

이 문제는 간단하지 않다. 다른 사람을 권유해서 행위를 하게 하는 것은 엄밀하게 말해서 오직 자기에게만 관계되는 행위가 아니다. 누군가에 대해서 충고를 하거나 권유를 하거나 하는 행위는 사회적 행위이다. 따라서 다른 사람들에게 영향을 미치는 일반 행위의 경우와 같이 이런 행위는 사회적 통제를 받아야 한다고 생각될지도 모른다.

그러나 조금만 더 생각해 본다면 이 최초의 생각은 정정될 것이다. 왜냐하면 이러한 행위는 엄밀하게 말해서 개인적 자유의 범위에는 속하지 않는다 하더라도 개인적 자유의 원리에 의거하는 여러 가지 이유가 그와 같은 행위에도 적용될 수 있다는 것이 분명하기 때문이다.

만일 사람들이 오직 자기 자신에게만 관계되는 일에서 자기의 위험 부담 아래 가장 좋은 것에 따라서 행동하는 것이 마땅히 허용되어야 하는 것이라면, 그들은 스스로의 위험 부담 아래 행해지기 적합한 행위가 대체 어떤 것인가에 대해서 다른 사람들과 서로 상담하는 것, 즉 의견을 교환하고 암시를 주고받는 것이 자유롭지 않으면 안 된다. 어떠한 행위이건 간에 그것을 행하는 것이 허용되어 있다면 그것을 행하도록 충고하는 것도 허용되지 않으면 안 된다.

그런데 이러한 문제에 의문이 생기는 것은 선동자가 충고에 의해서 사적 이익을 얻을 경우, 즉 그가 생계를 위해서 또는 돈을 벌기 위해서 사회와 국가가 해악으로 간주하고 있는 행위를 장려하는 것을 자기의 업으로 삼는 경우뿐이다. 실제로 이러한 경우에는 사태를 복잡하게 하는 새로운 요소가 개입하게 된다.

사회의 복지라고 생각되는 것과는 서로 모순된 이해관계를 가지며, 그것과는 정반대 되는 것에 생활의 기초를 두는 사람들의 존재가 그것이다. 이와 같은 생활양식은 당연히 사회의 간섭을 받아야 하는 것일까, 아니면 받아서는 안 되는 것일까?

이를테면 간음은 너그럽게 봐주어야 하며 도박행위도 그러하다. 그러나 포주가 되는 것이나 도박장을 경영하는 것도 자유롭게 방임되어도 좋은 것일까? 이러한 문제는 개인의 자유와 사회의 복지라는 두 원리의 경계선상에 있는 것이어서 그것이 양자 중 어느 것에 속하는 것이 정당한지는 언뜻 보아 분명치 않다.

이것에 관해서는 양자 모두 주장이 있다. 너그럽게 봐주자는 편에서는 다음과 같이 주장할 것이다. 어떤 일이든 하나의 직업으로서 당연히 허용되어져야 하고, 직업으로 그것에 종사함으로써 생활을 하고 돈을 버는 일이 있다면 그런 것이 범죄로 되는 일은 좀처럼 있을 수가 없다. 이러한 행위를 허용하려면 철저하게 허용하고 금지하려면 철저하게 금지해야 할 것이다.

우리가 지금까지 변호해 온 원리가 진리라면 사회는 오직 개인에게만 관계되는 어떠한 일에 대해서도 그것이 잘못되었다고 결정할 수 있는 권리를 가지고 있지 못하다. 사회는 설득해서 단념시키는 것 이상의 일을 할 수 없는 것이다. 어떤 사람이 남을 설득해서 단념케 할 수 있는 자유를 가지는 것과 같이 다른 사람은 남에게 그러한 일을 하도록 권유할 수 있는 자유를 가져야 한다.

이것에 대해서는 다음과 같은 반론이 제시될 것이다. 사회나 국가는 억압이나 처벌을 목적으로 오직 개인의 이해에만 관계되는 이러저러한 행위에 대해 좋거나 나쁘다고 권위적으로 결정할 수 있는 권리는 없다. 그러나 그러한 행위를 나쁘다고 간주하는 경우에는 적어도 그것의 선악 여부는 한 번 논의해 보아야 할 문제라고 사회나 국가가 생각하여 판정하는 것은 전적으로 옳은 일이다.

이와 같이 가정한다면 사회나 국가가 도저히 공평무사할 수 없는 선동자의 이기심이 내포된 권유의 영향을 배제하려고 노력하는 것은 결코 잘못된 행동이라고 말할 수 없다. 왜냐하면 이러한 선동자들은 한 쪽에 그것도 국가가 나쁘다고 믿고 있는 편에 직접적으로 개인적인 이해관계를 가지고 있는데, 그들은 분명히 오직 개인적 목적을 위해서만 그것을 추진하기 때문이다.

사적 이익의 달성을 위하여 다른 사람들의 성향을 선동하고 자극시키는 자들의 술책으로부터 되도록 멀리 떨어져서 그 선택이 현명하건 어리석건 간에 자기가 원하는 데로 선택할 수 있도록 하면 상실되는 것도 없으며, 어떤 복리도 희생되지 않는다는 주장도 있다.

이리하여 불법적인 승부놀이를 단속하는 법령에는 전혀 변호의 여지가 없다 하더라도 모든 사람들은 자기의 집이나 상대방의 집에서, 또는 그들 자신의 출자로써 건립되어 회원과 방문객에게만 문호를 개방하는 집회장소에서 도박을 하는 것은 자유로워야 한다고 하더라도 공개적인 도박장은 허가되어서는 안 된다.

이와 같은 금지령이 충분한 효과를 가지지 못한다는 것은 사실이다. 경찰에게 아무리 전제적인 권력이 부여된다 하더라도 도박장은 언제나 다른 구실 아래 — 교묘한 가정 하에서 — 줄곧 유지되어질 것이라는 것도 사실이다. 그러나 이러한 금지령으로 인해 도박장에서는 어느 정도까지는 비밀리에 영업을 하지 않으면 안 되게 될 것이므로, 도박을 즐기는 사람들 이외에는 아무도 이에 관해서 잘 알지 못할 것이다. 사회는 이 이상의 것을 원해서는 안 된다.

이와 같은 주장에는 상당히 강한 호소력이 있다. 주범자가 자유롭게 방임되고 그것이 당연한 것으로 되어 있을 때 오직 종범자만을 처벌한다는 도덕적 변칙, 즉 사통을 중개하는 중매쟁이는 과태료나 금고에 처하면서도 사통자를 처벌하지 않는 것, 도박장을 경영하는 자를 처벌하면서도 실제로 도박을 하는 자는 처벌하지 않는 것에 관해서 위와 같은 주장이 과연 이것을 정당화시킬 수 있을지의 여부를 여기서 감히 단정하려 하지 않는다.

더구나 이것과 유사한 근거로 보통의 매매 행위에 대해 간섭을 하는 것은 더욱 무리한 일이다. 매매되는 물품은 거의 모두가 과도하게 사용될 수 있는 것들이다. 판매자는 그와 같은 과도한 사용을 장려함으로써 돈을 벌게 된다. 그러나 이러한 사실을 근거로 해서, 이를테면 메인법을 옹호하는 논의가 성립될 수 없을 것이다. 왜냐하면 주류 판매업자는 주류가 남용되는 것을 기뻐할 것이지만, 주류의 적절한 사용을 위해서 없어서는 안 될 사람들이기 때문이다.

그러나 이들 주류 판매업자들이 과도한 음주를 장려함으로써 이익을 얻는 것은 옳지 못한 일이므로 국가가 이것에 대해서 제한을 가하고 보증을 요구하는 것은 정당한 일이다. 과도한 음주를 장려하려는 일이 없음에도 불구하고 그와 같은 제한을 가하게 되면, 말할 필요도 없이 그것은 개인의 자유에 대한 침해가 될 것이다.

또 하나 문제가 되는 것은 한편으로 국가는 행위자의 최선의 이익에 위배되는 것으로 생각되는 행위를 허용해 두면서 간접적으로는 그것을 억제토록 해야 할 것인가의 여부의 문제이다. 이를테면 국가는 술에 취하게 만드는 수단을 더 한층 비싸게 하는 방책을 강구하든지 주류 판매점의 수를 제한함으로써 주류의 구입을 한층 더 곤란하게 하든가의 문제이다. 이러한 문제에 관해서는 다른 대다수의 실제적 문제에 있어서와 마찬가지로 여러 가지 경우를 서로 구별해서 생각하지 않으면 안 된다.

주류의 구입을 한층 더 곤란하게 하려는 것을 유일한 목적으로 해서 주류에 과세를 하는 것은 주류의 전면적 금지와는 정도만을 달리하는 것에 지나지 않는 방책이다. 따라서 주류의 전면적 금지가 정당화되어지는 경우에만 이 방책도 정당화될 것이다.

주류의 가격이 인상된다는 것은 수입이 인상된 가격을 도저히 따라갈 수 없는 사람들에게는 하나의 금지령이나 다름없다. 인상된 가격을 능히 지불할 정도의 수입이 있는 사람들에게는 술을 마신다는 특별한 취미를 만족시켜 주는 대가로 부과되는 일종의 벌금이다.

국가와 개인에 대한 법률상의 의무나 도덕상의 의무를 완수하는 한, 어떠한 쾌락을 택하며 어떠한 방법으로 소득을 소비하느냐 하는 것은 순전히 개인적 문제이다. 이것은 각자 자신의 판단에 일임되지 않으면 안 된다. 이와 같은 생각은 언뜻 보면 국가가 세수의 목적으로 주류를 특별과세의 대상물로 선택하는 것을 비난하는 것처럼 보일지도 모른다.

그러나 재정상의 목적을 위한 과세는 절대로 불가피하다는 것, 대다수의 나라에서는 과세의 상당 부분을 간접세가 차지하게 되었다는 것, 어떤 사람들에게는 소비의 금지와 같은 조치가 될지도 모르지만 약간의 소비재 사용에 대해 벌금을 부과하지 않을 수 없다는 것들을 국가는 잊어버려서는 안 된다.

세금을 부과할 경우에는 소비자가 가장 필요로 하지 않는 물품이 무엇인가를 생각하고, 조금이라도 적당한 분량을 초과해서 사용하면 확실히 유해하다고 생각되는 물품을 선정해서 우선적으로 과세하는 것은 국가의 의무이다. 따라서 주류에 대해서 최대의 세입을 올리는 한도까지 과세하는 것은 가령 과세에서 생기는 모든 수입을 국가가 필요로 한다면 허용되어야 할 일일뿐만 아니라 찬성해야 할 일이기도 하다.

이러한 물품의 판매를 다소간 독점적인 것으로 특권화해야 할 것인가의 여부에 대한 문제는 판매제한이 어떠한 목적에 도움이 되도록 의도되고 있는가에 따라서 대답이 달라지지 않으면 안 될 것이다. 사람들이 많이 드나드는 장소는 모두 경찰의 단속이 필요한데, 이러한 종류의 장소(술집 등)에서는 특히 사회에 유해한 범죄가 발생되기 쉬우므로 더욱 그러하다.

이러한 물품을 판매할 수 있는 권한은 오직 품행이 단정하다고 널리 알려지거나 신용이 보장되어 있는 사람들에게만 주어지는 것이 적절하다. 개점과 폐점의 시간에 관한 규정을 만들어서 사회의 감시에 편의를 도모하는 것과, 술집의 경영자의 묵인이나 무능력으로 치안을 문란케 하는 행위가 자주 되풀이해서 일어나든지, 그 장소가 법률에 위배되는 범죄를 계획하고 준비하기 위한 집회장소로 되든지 하면 허가를 취소하는 것이 적절하다.

이 이상의 어떠한 제한도 원칙적으로 정당하다고는 생각하지 않는다. 이를테면 맥주나 알콜류를 파는 집에 드나드는 것을 더욱 곤란케 하여 유혹의 기회를 되도록 적게 하려는 명백한 목적에서 이런 종류의 영업장소의 수를 제한하는 것은 술집 출입을 남용하는 일부의 사람들이 있다는 이유로 다른 모든 사람들에게 불편을 주는 것이다. 뿐만 아니라 노동자들이 공공연히 어린이나 야만인들처럼 취급을 받는 사회, 그리고 그들이 장차 언젠가 자유의 특권을 향유할 자격을 갖추기 위해서 현재로서는 속박의 교육을 받고 있는 사회상태에서만 적합한 것이라 하겠다.

　어떠한 자유 국가에 있어서도 공공연히 그와 같은 원칙에 의거해서 노동자들이 다스려지고 있지는 않다. 자유의 가치가 무엇인지를 올바르게 평가하는 사람이라면 누구도 노동자들이 이와 같이 다스려지는 데 대해서 결코 동의하지 않을 것이다. 노동자들을 그렇게 취급하는 것은 그들을 교육시켜 자유를 누릴 수 있도록, 그리고 그들이 자유인으로 대접을 받을 수 있도록 만들기 위한 온갖 노력이 경주된 후에도 그들을 어린이처럼 다스릴 수밖에 별도리가 없다는 것이 결정적으로 증명되지 않는 한 결코 있을 수 없는 일이다.

　노동자들을 다루는 이상의 두 가지 견해 중 어느 편을 취할 것인가를 기술만 해 보아도 여기에서 고찰할 필요가 있는 어떠한 경우에도 앞에서 말한 것과 같은 노력이 이미 경주되어 왔다고 상상하는 것이 얼마나 어리석은 것인가를 분명히 알 수 있을 것이다.

　한편으로는 전제정치나 또는 이른바 부권정치의 체제에 속하는 것들이 우리의 생활 속에 침투되어 있으면서, 다른 한편으로는 우리나라의 여러 가지 제도에는 일반적으로 자유가 허용되어 있기 때문에 함부로 구속적인 방법을 사용하여 도덕적 교육으로서의 실효를 거두기 위하여 필요한 정도의 통제력을 행사할 수 없도록 하고 있는데, 이것은 오로지 우리나라의 여러 가지 제도가 모순 덩어리로 되어 있기 때문이라고 할 수 있다.

앞 부분에서 이미 지적된 것이지만 오직 개인에게만 관계되는 일에 있어서는 자유롭다는 것은 개인이 집합해 있는 경우에도 역시 이에 상응해서 다음과 같은 자유, 즉 오직 그들 모두에게만 관계되고 그들 이외의 다른 사람들에게는 관계되지 않는 일을 상호간의 합의에 의해서 원하는 대로 조치할 수 있는 자유가 있다는 것을 의미한다.

이와 같은 문제는 이것에 관계되는 모든 사람의 의사가 변하지 않는 한 아무런 곤란도 가져오지 않는다. 그러나 관계되는 사람의 의사가 변할지도 모르기 때문에 그들만이 관계되고 있는 일에 있어서 조차도 그들 상호간에 계약을 맺는 것이 가끔은 필요하게 된다. 일단 계약이 맺어지는 한 일반적인 규칙으로서 그 계약이 이행되어야 하는 것은 너무나 당연하다.

법률에서는 — 필시 모든 나라의 법률에서는 — 이와 같은 일반적 규칙에 약간의 예외가 있다. 사람들은 제삼자의 권리를 침해하는 계약을 이행할 의무를 갖지 않을 뿐만 아니라, 때로는 계약이 계약자 자신에게 유해하다는 것이 그들로 하여금 그 계약을 해제 케 할 충분한 이유로 생각되는 경우가 있다.

이를테면 우리나라나 기타 대부분의 문명국에 있어서 자신을 노 예로 판다든가 노예로 팔리는 것을 허용하는 계약은 전적으로 무 효이며, 법률에 의해서도 여론에 의해서도 그 이행이 강요되지 않 는다.

인생을 살아가는 데 있어서 개인의 운명을 자유롭게 처리할 수 있는 개인의 권리를 이와 같이 제한하는 이유는 명백한 것이며, 이 러한 극단적인 실례에서 매우 명료하게 이해되어진다. 다른 사람 의 이익에 관계되지 않는 한 개인의 자유로운 행위에 간섭하지 않 는 이유는 그의 자유를 존중하기 때문이다.

그가 자유롭게 선택했다는 것은 그가 선택한 것이 그 자신에게 바람직한 것이거나 적어도 고통스럽지 않고 능히 참아갈 수 있는 것이라는 증거이기도 하다. 대체로 개인의 행복은 이것을 추구하 는 자유로운 행동이 허용될 때 비로소 충분히 획득되는 것이다. 그 러나 사람이 자신을 노예로 팔아 버린다는 것은 자기의 자유를 포 기하는 것이다.

그는 이 한 가지 행위로 그 후의 모든 자유의 행사를 영원히 포 기해 버리게 된다. 그는 자기의 처신을 자신에게 일임해 두는 것을 정당화시키는 목적 자체를 스스로 파괴하는 것이다. 그의 몸은 이미 자유롭지 못하다. 그 후부터 그는 스스로 자발적인 의사에 따라서 그러한 처지에 머물러 있는 것이라는 만족감을 좀처럼 느낄 수 없는 처지에 놓이게 된다.

자유의 원리는 자유를 포기해 버리는 것도 자유롭지 않으면 안 된다는 것을 요구하는 것은 아니다. 자신의 자유를 포기해 버리는 것이 허용된다는 것은 자유가 아니다. 이러한 이유들은 이와 같은 특수한 경우에는 설득력이 두드러지게 나타나는 것이지만, 분명히 훨씬 더 광범위한 범위에 걸쳐서 적용될 수 있는 것이다. 그렇지만 불가피한 생활상의 필요로 도처에서 이러한 이유에 대한 하나의 제한이 가해지고 있다.

생활상의 필요는 우리에게 자유를 포기해 버리라고 요구하지는 않지만, 자유에 대한 이러저러한 제한을 수락할 것을 끊임없이 요구하고 있다. 오직 행위자 자신에게만 관계되는 일체의 일에서는 아무런 제한도 받지 않는 행위의 자유가 있지 않으면 안 된다는 원리는 다음과 같이 연구된다.

계약으로써 서로 결합되어 있는 사람들은 제삼자에게 관계되지 않은 일에 대해서 합의에 의해 자유로이 그 계약으로부터 벗어날 수 있어야 하는 것이다. 그와 같은 합의에 의한 해제가 행해지지 않는 경우라도 금전이나 금전적 가치에 관한 계약 이외에는 계약의 자유를 절대로 부여해서는 안 된다고 할 수 있는 계약이나 약정은 아마 없을 것이다.

빌헬름 폰 훔볼트 남작은 내가 앞서 인용한 그의 논문 속에서 자신의 확신을 다음과 같이 털어놓고 있다.

"개인적인 관계나 노무를 포함하는 계약은 일정한 기간 이상으로 법적 구속력을 가져서는 안 된다. 이와 같은 계약 중에서도 가장 중요한 계약이라고 할 수 있는 결혼은 당사자 쌍방의 감정이 그것과 조화되지 않는 한, 그 계약의 목적은 좌절되고 만다는 특수성을 가지고 있기 때문에 그 계약을 해소시키기 위해서는 계약자의 어느 한편이 분명히 표명한 의사 이외의 아무 것도 필요로 하지 않는다."

이러한 문제는 매우 중요하고도 복잡한 성질의 것이기 때문에 끼워 넣기 식으로 간단하게 논의할 수 없는 것이다. 나는 예증의 목적에 도움이 되는 한에서만 이 문제에 대해 언급해 보려고 한다. 훔볼트 남작의 소론은 간결한 개론적인 것이었기 때문에 하는 수 없이 그는 이 경우에 전제를 논하지 않고 곧장 결론을 선언하지 않을 수 없었겠지만, 만일 그렇지 않았더라면 그는 의심할 바 없이 이러한 단순한 근거에 의해서는, 즉 여기에서는 그 이상 언급하기를 금한 단순한 근거에 의해서는 그러한 문제를 결정할 수 없을 것이라는 사실을 충분히 인정하였을 것이다.

어떤 사람이 분명한 약속이나 행위에 의해서 앞으로 일정한 형식의 행위를 줄곧 계속하게 될 것이라는 것을 다른 사람에게 믿게 할 경우에는 — 다른 사람에게 기대와 희망을 품게 하고 그리고 이러한 전제에다 일생의 계획의 일부를 걸게 만드는 경우에는 — 그에게 다른 사람에 대한 일련의 도덕적 의무가 생기게 된다. 그런데 그것은 다른 의무 때문에 위압되는 일은 있을지 모르지만 결코 무시될 수는 없는 것이다.

만일 계약 당사자 사이의 관계가 다른 사람들에게도 영향을 미치는 결과가 생겼다고 하면, 즉 만일 그것이 제삼자를 특정한 입장에 놓이게 하거나 결혼의 경우에 있어서와 마찬가지로 새로이 제삼의 관계자를 낳게 되었다고 하면, 계약 당사자는 이와 같은 제삼자에 대해서 여러 가지 의무를 지지 않으면 안 되게 된다.

그런데 이와 같은 의무의 이행 내지는 이행 방법은 계약 당사자 사이의 관계가 줄곧 계속되느냐, 단절되느냐에 따라서 영향을 받지 않을 수 없을 것이다. 그렇다고 해서 이러한 의무가 계약 당사자에 대해서 그 의사에 반하여, 또는 그의 행복을 희생해 가면서까지 계약의 이행을 요구할 정도의 것이 되는 것은 아니다.

나도 그와 같은 사실은 인정할 수가 없다. 그러나 이러한 의무는 이 문제에서 불가결의 요소이다. 이러한 의무는 훔볼트가 주장하고 있는 것처럼 계약 당사자들이 임의로 그 계약에서 벗어나는 것을 허용하는 법률적 자유에는 아무런 영향도 미치게 해서는 안 된다고 하더라도(나도 역시 커다란 영향을 미치게 해서는 안 된다고 생각하지만) 도덕적 자유에 대해서는 필연적으로 커다란 영향을 미치게 되는 것이다.

이와 같이 다른 사람의 이익에 중대한 영향을 미칠 두려움이 있는 조치를 강구하려는 결의를 하기에 앞서 이러한 모든 사정을 고려하지 않으면 안 된다. 그가 다른 사람의 이익에 대해서 고려하지 않는다면 그 잘못에 대해서 도덕적인 책임을 지지 않으면 안 된다.

내가 이와 같은 자명한 사실을 이야기하는 것은 자유의 일반적인 원리를 보다 더 잘 예증하기 위해서이지 결코(결혼과 같은) 특수 문제에 관해서 새삼스럽게 무엇인가 이야기해야 할 필요가 있기 때문은 아니다. 오히려 그와는 반대로 이러한 문제는 마치 어린이의 이익이(제삼자인 어린이의 이익) 전부이고 어른의 이익은(당사자인 어른의 이익) 전혀 없는 것처럼, 아무 것도 아닌 것처럼 논의되는 것이 보통이다.

다시 말하면 앞서 언급된 바와 같이 널리 공인된 일반적 원리라는 것이 없기 때문에 자유가 가끔 허용되어서는 안 되는 경우에 허용되는가 하면, 마땅히 허용되어야 하는 경우에는 도리어 허용되지 않는 경우가 있다.

근대 유럽에 있어서 자유의 감정이 가장 강렬하게 나타나고 있는 경우 가운데 하나는 자유가 엉뚱하게 허용되고 있는 경우이다. 사람은 자기의 사적인 일에 있어서 자신이 원하는 대로 행동할 수 있는 자유를 갖지 않으면 안 된다. 다른 사람을 대신해서 행동하는 경우 그의 일이 자기 자신의 일이기도 하다는 변명 아래 자기 멋대로 행동하는 자유는 허용되어서는 안 된다.

국가는 한편으로는 특히 개인에게만 관계되는 일에 있어서는 각자의 자유를 존중하지만, 다른 한편으로 그에게 다른 사람을 지배하는 어떠한 권력을 허용하는 경우에는 그의 권력행사에 대해서 충분히 감독할 의무가 있다.

이와 같은 국가의 의무가 가족관계의 문제에서는 전적으로 무시되고 있지만, 이것은 인간의 행복에 직접적인 영향을 미친다는 점에서 다른 어떠한 경우를 합친 것보다도 훨씬 중요한 문제이다. 아내에 대한 남편의 전제적인 권력에 대해서는 여기서 상세하게 기술할 필요가 없을 것이다. 왜냐하면 이러한 해악을 완전히 제거하기 위해서는 아내로 하여금 다른 모든 사람들과 동등한 권리를 갖게 하는 한편, 다른 모든 사람들과 동등하게 법의 보호를 받도록 하는 것으로 충분하기 때문이다.

이러한 문제에 관해서 오래 전부터 행해져 온 권리침해(아내에 대한 남편의 전제적인 권력행사)를 옹호하는 사람들은 자유의 호소를 이용하지 않고 권력의 옹호자로서 공공연히 나타나기 때문이다.

국가가 의무를 수행하는 데 있어서 잘못 사용된 자유의 관념이 실제로 장애가 되는 것은 어린이에 관한 경우이다. 세상 사람들은 어린이는 비유로서가 아니라 글자 그대로 어버이의 일부분인 것처럼 생각한다.

어버이의 어린이에 대한 절대적이며 배타적인 지배권에 대해서 법률이 조금이라도 간섭을 하려는 것에 대해서 여론이 매우 강력하게 반발한다. 이런 경우에 보여지는 반발의 정도는 어버이 자신의 행동의 자유에 대한 어떠한 간섭보다도 훨씬 강하다.

이와 같이 인류의 대다수는 권력보다도 자유를 낮게 평가하고 있다. 이를테면 교육을 생각해 보면 국가가 국민으로 태어난 모든 사람들에 대해서 어느 수준까지의 교육을 요구하고 강제하지 않으면 안 된다는 것은 거의 명백한 공통된 도리가 아닐까? 그렇지만 이러한 진리를 아무런 두려움도 없이 인정하고 주장할 수 있는 사람이 있을까?

한 사람의 인간을 이 세상에 낳아 놓은 이상 그 인간에 대해서 그가 인생을 살아가는 동안 다른 사람에 대해서도 그리고 자기 자신에 대해서도 역할(직분)을 다할 수 있는 인물이 되도록 교육을 시키는 것이 어버이의 가장 신성한 의무 중 하나라는 것은 어떠한 사람도 부정하지 않을 것이다.

그런데 이것이 부친의 의무라고 이구동성으로 선언되고 있음에도 불구하고, 우리나라에서는 이러한 의무 수행을 부친에게 강요하자는 주장에 대해서 묵묵히 귀를 기울이고 있는 사람은 아마 없을 것이다. 부친은 자녀에 대한 교육을 확보하기 위하여 어떠한 노력이나 희생이 요구되기는커녕, 교육이 무상으로 제공되고 있는 경우에서조차도 교육을 받아들이느냐 마느냐를 부친의 선택에 일임하고 있다.

육체를 위해서 먹을 것을 부여할 뿐만 아니라 정신을 위해서 교육과 훈련을 시킬 만한 능력이 없음에도 어린이를 낳는 것은 그 어린이에 대해서는 물론 사회에 대해서도 하나의 도덕적인 범죄라는 것은 일반에게 인정받지 못하고 있다. 어버이가 이러한 의무를 수행하지 않는다면 국가는 될 수 있는 한 그 어버이에게 교육비를 부담시켜 이러한 의무가 수행되도록 감시해야 하지만, 그런 것도 아직 일반에게 인정받지 못하고 있다.

일반 교육을 실시해야 한다는 의무가, 즉 전 국민에 대해서 교육을 실시해야 한다는 의무가 일단 시인만 된다면, 그 때에 국가는 무엇을 가르쳐야 하며 그것을 어떻게 가르쳐야 할 것인가에 관한 어려움도 자연히 없어질 것이다. 이러한 어려움이 있기 때문에 오늘날 교육이라는 문제는 여러 종파나 당파들이 서로 싸우는 단순한 싸움터가 되고 있으며, 마땅히 교육하는데 소비되어야 할 시간과 노력을 공연히 교육에 관한 논쟁을 위해서 낭비케 하고 있다.

정부가 모든 어린이에게 보다 좋은 교육을 요구할 것을 결의만한다면, 정부는 그러한 교육을 제공하는 수고를 면할 수 있을 것이다. 정부는 어버이들이 원하는 장소와 방법으로 자녀들을 교육하도록 일임하고, 가난한 가정의 교육비 지출을 도와주는 한편, 학비를 담당할 사람이 전혀 없는 어린이에게 전액을 지불해 주는 것으로 만족할 수 있을 것이다.

국가 교육에 대해서 제시되는 반대론으로서 아무리 정당한 이유가 있는 것이라 하더라도 국가에 의한 의무교육의 실시에 대해서는 적용되지 않는다. 그것이 적용되는 것은 국가가 교육지도의 임무를 혼자서 전담하는 경우이다. 이 양자는 즉 국가가 의무 교육을 강제하는 일과 국가 스스로가 교육지도를 혼자서 전담하는 일은 전혀 별개의 문제이다.

국민 교육의 전부 또는 대부분이 국가의 수중에 있어야 한다는 것에 대해서 다른 누구에 못지 않게 반대한다. 개성 있는 성격이나 의견과 행동양식의 다양성이 얼마나 중요한가에 관해서는 이미 말한 바와 같다. 이러한 사실은 교육의 다양성도 그것과 같이 이루 말할 수 없이 중요하다는 것을 의미한다.

일률적인 국가 교육은 국민을 일정한 틀에 넣어서 똑같은 인간으로 만들려고 하는 수단에 지나지 않는다. 국가가 국민을 판에 박은 듯 똑같은 사람으로 만들어 내려는 틀은 정부를 지배하는 세력이 선호하는 것이기 때문에 그와 같은 국가 교육이 효과를 거두어 성공하면 할수록 국민의 정신을 전제적으로 더 압박하게 될 것이며, 결국 국민의 신체에도 압박을 주게 될 것이다.

국가에 의해서 수립되고 통제되는 교육은 — 만일 그런 것이 존재한다고 하면 — 서로 경쟁을 하는 다수의 실험, 즉 교육의 실험 중 하나로서만 존재해야 할 것이며, 다른 여러 가지 실험을 일정한 수준의 우수성에 도달케 하기 위해 모범과 자극을 부여할 목적으로 실시되지 않으면 안 된다.

사회 전체가 매우 뒤떨어진 상태에 있는 관계로 정부 스스로가 교육사업에 손을 대지 않으면 사회는 적당한 교육설비를 마련할 수 없다. 마련하려고도 하지 않을 경우에는 문제가 달라진다. 이런 경우에는 정부가 교육의 두 가지의 해악 중 그 해가 적은 것으로

— 정부 스스로가 교육사업을 맡아주는 편이 국민에게 전혀 교육을 실시하지 않는 것보다는 해가 적은 것이므로 — 여러 학교와 대학의 교육사업을 인수해도 좋을 것이다.

이러한 사실은 마치 대규모적인 생산사업을 인수하기에 적합한 형태의 사기업이 국내에는 존재하지 않는 경우에는 정부가 주식회사의 경영을 인수해도 좋은 것과 같은 이치다. 그러나 일반적으로 국내에 정부의 지원 아래 교육을 베풀 만한 자격을 갖춘 사람들이 충분히 있다고 하면, 그런 사람들도 국가의 교육과 마찬가지로 훌륭한 교육을 실시할 수 있을 것이며 즐거운 마음으로 하려고 할 것이다.

이런 경우에는 교육을 의무화하는 법률에 의해서 교사들에 대한 보수가 보장되는 한편, 학비를 지출할 만한 재력이 없는 사람들에 대한 국가의 보조가 실시될 필요가 있다. 이러한 법률을 실시하기 위한 수단은 유년시절부터 모든 어린이들을 대상으로 실시되는 공개적인 국가시험 이외에는 없을 것이다.

모든 남녀 어린이들이 글을 읽을 수 있는지의 여부를 시험하기 위한 연령을 정해 두는 것도 좋을 것이다. 어린이가 글을 읽지 못한다는 것이 판명되면 그 부친에게는 — 충분한 변명이 될 수 있는 이유를 제시하지 못하는 한 — 적당한 금액의 벌금이 부과되어도 좋을 것이며, 부득이한 경우에는 일정한 노동을 시킴으로써 벌금을 대신하도록 해도 좋을 것이다. 그 어린이는 부친의 학비 부담으로 취학토록 하는 것이 좋을 것이다.

이러한 시험은 해마다 한 번씩 실시하게 하고, 그 때마다 학과의 범위를 점차 넓혀서 최소한의 일반적 지식을 모든 국민에게 습득케 하여 그것을 오랫동안 기억케 하는 것이 사실상 강제되도록 해야 한다. 이러한 최소한의 일반 지식 이외의 모든 학과에 관해서는 임의적인 시험이 실시되어야 한다.

이 시험에서 일정한 수준의 학력에 도달한 자들은 모두 소정의 증명서를 발급해야 한다. 국가가 이러한 제도를 통해 여론에 부당한 영향을 미치는 것을 방지하기 위해서 시험에 통과하기 위한 필요한 지식은 심지어 고급의 시험에 있어서도 오직 여러 가지 사실과 실증과학에 한정되지 않으면 안 된다.

종교나 정치나 다른 논쟁의 대상이 되는 문제에 관한 시험은 여러 가지 의견의 진실 여부를 문제로 할 것이 아니라 이러이러한 의견은 이러이러한 근거에 기인하여 이러이러한 저자나 학파, 또는 교회에 의해서 지지되고 있다는 식으로 사실만을 문제삼아야 한다.

이와 같은 제도 하에서는 차세대들은 논의의 여지가 있는 모든 진리에 관해서 적어도 현재보다 더 심한 혼미를 경험하는 상태에 빠지지는 않을 것이다. 그들은 오늘날과 같이 영국 국교도나 비국교도로 키워질 것이다.

국가는 그들이 교육받은 국교도, 또는 교육받은 비국교도가 되도록 배려만 할 뿐이다. 양친들이 원하기만 한다면 그들이 한 학교에서 다른 학과들을 배움과 동시에 종교의 가르침을 받는 것을 방해하는 것은 아무 것도 없을 것이다. 논쟁의 대상이 되고 있는 문제에 관해서 국가가 국민의 의견을 한 쪽으로만 치우치게 하려는 것은 나쁘다. 그러나 어떤 사람이 주어진 문제에 관해서 주의해서 들을 만한 결론을 내리는 데 필요한 지식을 가지고 있느냐의 여부를 국가가 확인하고 증명하는 것은 지극히 정당한 일이라 하겠다.

철학도가 로크와 칸트의 학설 가운데 어느 것에 흥미를 가지고 있든지 간에, 또는 그 둘 모두에 흥미가 없더라도 두 철학자에 관한 시험에 합격할 수 있는 것은 그만큼 유익할 것이다. 무신론자에게 그리스도교의 증언에 관한 시험을 부과하는 것에 대해서 그가 신앙고백을 강요당하지만 않는다면 조금도 비난의 여지는 없다. 그러나 고도의 지식 분야에 관한 시험은 완전히 자발적인 것이어야 한다고 생각한다.

자격이 없다는 이유로 어떤 사람을 직업으로부터, 심지어 교사

직으로부터 배제할 수 있는 권리가 정부에 부여된다면, 그것은 정부에게 너무나 위험한 권력을 부여하는 것이 될 것이다. 그래서 나는 빌헬름 폰 훔볼트와 더불어 다음과 같이 생각한다.

'학위라든가 기타의 과학적 또는 직업적 지식에 관한 공적인 증명서는 스스로 그러한 시험에 응시하여 합격된 모든 사람들에게 부여되어야 한다. 그러나 그와 같은 증명서는 여론에 의해 증빙으로 첨부되어 가산점을 주는 것 외에는 경쟁자들에 대해 어떠한 이익을 주어서도 안 된다.'

자유에 대한 빗나간 생각 때문에 부모의 도덕적 의무가 마땅히 인정되어야 할 유력한 근거가 존재함에도 불구하고 인정되지 않는가 하면, 법률적 의무도 많은 경우에 마땅히 부과되어야 할 유력한 근거가 있음에도 부과되지 않고 있다.

이것은 비단 교육의 문제에만 국한된 것은 아니다. 한 사람의 인간을 이 세상에 태어나게 한다는 것 자체가 인간 생활의 영역 내에서 가장 책임져야 할 행위 중 하나이다. 이러한 책임을 부담하는 것 — 저주받을 존재가 될 지 축복 받을 존재가 될 지 좀처럼 알 길 없는 하나의 생명을 이 세상에 태어나게 하는 일 — 은 이러한 생명을 부여받는 존재가 적어도 바람직한 생활을 영위할 수 있는 보통 정도의 기회라도 갖지 못하게 된다면, 그 존재에 대한 하나의 범죄라고 해야 할 것이다.

과잉 인구의 나라나 과잉 인구의 두려움이 있는 나라에서는 제한된 극소수의 한계를 넘어서 아이들을 낳는 것은 그들의 경쟁으로 인해 노동의 임금이 떨어지는 결과를 가져오게 할 것이며, 노동의 보수로 생활해 가는 모든 사람들에 대해서 중대한 범죄행위가 된다.

유럽 대륙의 많은 나라에서는 결혼 당사자들이 한 가족을 부양할 만한 자력을 가지고 있다는 것을 증명할 수 없는 한 법으로 결혼을 금하고 있다. 이것은 국가의 정당한 권력의 한계를 벗어나는 것은 아니다. 이와 같은 법률이 합당한 것이건 합당치 못한 것이건 간에(이것은 주로 그 지방의 사정과 감정에 의해서 해결될 문제이다.) 이것은 자유의 침해로서 비난될 성질의 것은 아니다.

그와 같은 법률은 비록 법적 형벌을 구태여 가할 필요가 있다고는 생각되지는 않더라도 충분히 세상 사람들의 비난과 사회적 낙인의 원인이 되는 다른 사람들을 해치는 유해한 행위를 금지시키기 위한 국가의 간섭이라고 생각되어질 수 있다.

오늘날 널리 유포되어 있는 자유에 대한 생각은 한 개인에게만 관계되는 것들에서 개인의 자유가 실제로 침해될 때 쉽게 굴복하는데 반하여, 사람이 멋대로 행동한 결과 한 사람 또는 여러 사람의 자손에게 비참하고 타락된 생애를 보내게 하고, 어떠한 모양이건 이러한 행위의 영향이 미치는 범위 안에 있는 사람들에게 해악을 끼칠 때, 그러한 사람의 방탕한 생활에 제한을 가하려는 기도에 대해서는 저항하려고 한다.

인간이 자유에 대해서 품는 불가사의할 정도의 존경과 경시를 서로 비교해 보면, 인간은 다른 사람에게 해를 끼칠 불가결의 권리를 가지고 있지만 누구에게도 아무런 고통을 주지 않고 스스로를 즐겁게 할 수 있는 권리는 전혀 가지고 있지 않은 존재라고 상상할 수 있을 것이다.

정부가 어느 정도까지 간섭을 할 수 있는지의 한계에 관한 많은 문제들을 맨 뒤에서 고찰하려고 남겨 놓았다. 이것들은 이 논문의 주제와 밀접한 관계를 가지고 있지만 엄밀하게 말하면 이것에 속하지 않는 문제이다. 이것들은 정부의 간섭에 반대하는 이유가 자유의 원리에 의거하지 않는 경우이다.

바꾸어 말하면 그것은 개인의 자유로운 행동을 구속하는 문제가 아니라, 그러한 행동을 조장시키는 것에 관한 문제이다. 개인 자신이 개별적으로 또는 자발적인 결합체를 이루어서 자신의 이익을 추구하도록 내버려두지 아니하고, 정부 스스로가 그 일을 하거나 정부의 감독 하에 그 일을 하게 한다는 것이 정당한가 정당치 않은가 하는 문제이다.

정부의 간섭이 자유에 대한 침해를 의미하지 않는 경우, 정부의 간섭에 대한 반대론은 다음과 같이 세 종류로 나누어 볼 수 있을 것이다.

첫째는 정부에 의해서 보다는 개인에 의해서 행해지는 편이 더 나을 것처럼 생각되는 경우이다. 일반적으로 말해 어떤 일을 처리하는 데 있어서, 또는 그 일이 어떻게 누구의 손에 의해서 처리되어야 할 것인가를 결정하는 데 있어서 가장 적당한 사람으로는 그 일에 이해관계를 가지고 있는 사람만큼 적임자는 없다.

이 원리에 따르면 한때 그처럼 빈번히 단행되었던 간섭, 즉 민간의 일반 산업과정에 대한 입법부나 정부 관리의 간섭은 부당한 것이 된다. 그러나 문제의 이러한 부분은 이미 경제학자들에 의해서 충분할 정도로 상세히 설명되어 왔기 때문에 그것은 본 논문에서 주장되는 여러 가지 원리와 특별한 관련을 갖는 것도 아니다.

둘째의 반대론은 우리의 주제에 보다 더 밀접하게 관련되어 있다. 많은 경우에 개개인은 대체로 평균적으로 보아 특정한 일을 정부의 관리들만큼 잘 해내지는 못할지 모르지만, 그러한 일이 자신의 정신교육의 한 수단으로서 — 그들의 활동력을 강화시키며, 그들의 판단력을 연마시키며, 그들에게 처리가 일임된 문제에 대해 그들이 정통하도록 만드는 하나의 수단으로서 — 개인에 의해서 되어지는 편이 정부에 의해서 되어지는 것보다 바람직하다는 것이다.

이것은 (정치적 사건이 아닌 경우) 배심재판이 권장되는 주된 이유이며, 자유로운 민중에 의한 지방자치제도나 자발적인 협력단체에 의한 생산산업과 자선사업의 경영을 장려하는 주된 이유이다.

이러한 문제들은 본 논문에서 말하는 자유의 문제는 아니며, 서로 멀리 떨어져 있어도 경향을 같이하고 있다는 점에서 자유의 문제와 관계를 가지고 있을 뿐이다. 오히려 이것들은 발전의 문제이다. 그런데 이러한 사실들을 국민교육의 일부분으로 상세히 설명하는 것은 다른 기회로 미루어져야 할 것이며 지금은 아니다.

왜냐하면 실제로 이것들은 신민의 특수한 훈련이며, 자유로운 민중에 대한 정치교육의 실제적인 부분을 이루는 것이고, 사람들을 개인적이며 가족적인 이기심이라는 좁은 세계로부터 이끌어 내어 공통의 이익에 대한 이해와 공동의 사무를 처리하는 데 익숙케 하는 것이다.

다시 말해 이것들은 그들로 하여금 공적 동기에서 또는 반은 사적이지만 반은 공적인 동기에서 행동하는 습관을 갖게 하며, 그들

상호간을 고립시키지 않고 서로 결합시키는 목적을 향해서 행동하는 습관을 갖게 하는 것이다. 이와 같은 습관과 능력이 결여되게 되면 자유로운 형태의 국가조직의 운영과 유지는 불가능하게 된다.

이것은 다음과 같은 사실에 의해서, 즉 비록 정치적 자유가 있다 할지라도 그것이 각 지방의 튼튼한 자유의 초석 위에 서 있지 않은 나라들에 있어서는 정치적 자유가 영속되지 못하고 일시적인 것인 경우가 매우 많다는 사실에 의해서 예증될 것이다.

순전히 지방에 국한된 사업은 지방 사람들에 의해서 운영되어져야 한다. 대규모의 생산사업은 자발적으로 투자한 단체에 의해서 운영되어져야 한다는 것은 본 논문에서 주장해 온 발전하는 개성과 행동양식의 다양성이라는 이익을 낳게 하는 것이므로 한층 더 권장될 만한 일이라고 생각된다.

정부의 사업은 도처에서 획일화를 낳는 경향이 있다. 이것과 반대로 개개인이나 자발적인 협력단체의 경우는 각종 실험과 한없이 다양한 경험을 얻을 수 있다. 국가가 행할 수 있는 유익한 일은 그 스스로를 많은 시행착오의 결과로 얻어진 경험의 중심적인 저장고로 만드는 동시에 그것의 적극적인 전달자와 보급자가 되는 일이다.

국가의 직분은 국가의 실험 이외의 어떠한 실험도 인정하지 않는 것이 아니라 각각의 모든 실험자들로 하여금 다른 사람들의 실험으로부터 이익을 얻을 수 있도록 해 주는 일이다.

정부의 간섭을 제한하는 가장 강하고 유력한 셋째 이유는 정부의 권력을 불필요하게 증대하는 것에는 큰 해악이 따르게 된다는 것이다. 정부에 의해서 행사되는 기능 위에 또 하나의 새로운 기능이 첨가되어질 때마다 국민의 희망과 두려움을 좌우하는 정부의 영향력은 한층 더 널리 퍼지게 되고, 일반 국민 가운데 활동적이며 야심적인 사람들은 더욱더 정부의 또는 정권을 장악하려는 당파의 추종자가 된다.

만일 도로, 철도, 은행, 보험회사, 거대 주식회사, 대학, 공공 자선단체들 모두가 하나같이 정부의 출장소로 되어 버리고, 그 위에 도시나 지방의 자치단체들이 오늘날 그들에게 이관되어 있는 모든 직무와 더불어 중앙정부의 한 부처로 되어 버려 여기에 종사하는 사람들이 직접 정부에 의해서 임명되고 봉급을 받는 한편 그들의 입신출세를 전적으로 정부에다 의지하게 된다고 하면, 아무리 출판의 자유가 인정되어 있고 입법부가 국민 본위의 체제를 갖추고 있다 할지라도 우리나라는 물론, 그 밖의 어떠한 나라도 명목상의 자유로운 나라로 밖에 될 수 없을 것이다.

행정기구가 능률적으로 그리고 과학적으로 구성되면 될수록, 그리고 행정기구를 관리하고 운영해 갈 유능한 능력과 두뇌의 소유자를 획득하기 위한 장치가 교묘하게 되어 있으면 되어 있을수록 그 해악은 더욱 커질 것이다.

영국에서는 최근 다음과 같은 안이 제의되었다.

'직무의 담당자로서 가장 총명하고 학식 있는 인재를 얻기 위해서는 정부의 공무원 전원을 경쟁시험으로 선발해야 한다' 는 것이 그것이다. 그런데 이러한 제안에 대해서는 여론이 비등하고, 혹은 구두로 혹은 문서로 찬반양론이 분분했다. 이 제안에 대한 반대자들에 의해서 가장 강경하게 주장된 논의의 하나는 다음과 같은 것이다.

국가의 종신적인 공복이라는 직업은 최고의 재능을 가진 사람들을 끌어들일 만한 충분한 보수와 유망한 지위를 제공해 주지 못할 것이다. 이러한 사람들은 다른 여러 가지 전문적인 직업이나 회사나 기타의 공공단체의 직무를 수행하는 것에서 언제나 보다 더 매력적인 성공의 길을 찾을 것이라는 것이다.

이러한 논의가 경쟁시험제의 제안의 지지자들이 그런 제안의 주된 어려움, 즉 최고의 재능을 가진 사람들이 쉽사리 경쟁시험에 응하지 않을지도 모르는 어려움에 대한 해명으로써 이용되었다면 아무도 그렇게 놀라지는 않았을 것이다. 그런데 이러한 논의가 반대론자로부터 나왔다는 것은 참으로 이상한 일이라 아니 할 수 없다. 반대하는 이유로 역설되는 내용이 실제로는 그 제도의 안전판이 되고 있는 것이다.

만일 실제로 탁월한 재능을 가지고 있는 사람들을 모조리 정부의 공직으로 끌어들일 수 있다고 하면, 그러한 결과를 초래할 수 있는 제안은 당연히 불안감을 불러일으킬 것이다. 조직적 협력과 넓고 포괄적인 식견을 필요로 하는 사회 사업의 모든 부문이 정부의 수중에 들어가 있다고 하면, 그리고 정부의 어느 기관도 예외 없이 모두 가장 유능한 사람들로 가득 차 있다고 하면, 사색적인 분야에 종사하는 사람들을 제외한 국내의 폭 넓은 교양과 지성을 갖춘 사람들이 방대한 관료제 속으로 집중되게 된다.

사회의 나머지 사람들은 모든 일들을 이 관료제에 대해서만 기대하게 될 것이다. 일반 대중은 그들이 해야 할 모든 일에 있어서 그 관료들의 지도와 명령을 받고자 할 것이다. 능력 있고 야심만만한 사람들은 자기네들의 입신출세를 관료제 속에서 찾으려 할 것이다. 이러한 관료집단의 대열에 끼도록 허용되는 것, 그리고 그 대열에 끼게 되었을 때 그 속에서 입신출세하는 것만이 유일한 야심의 대상이 될 것이다.

이와 같은 제도 밑에서는 정부 기구의 밖에 있는 일반 대중은 실제적 경험이 없기 때문에 관료집단의 직무 집행의 방법을 비판하거나 제재할만한 능력을 갖지 못한다. 뿐만 아니라 전제제도 하에서의 우연한 사건에 의해서, 또는 대중적인 제도에서 자연적인 작용에 의해서 개혁적인 기질을 가진 한 사람의 지배자나 다수의 지배자들이 최고의 지위에 오를 수 있는 일이 가끔 있다 하더라도 관료제의 이익에 위배되는 어떠한 개혁도 실현될 수 없다.

러시아 제국의 상태가 이와 같이 우울한 것이었다. 이것은 러시아 제국을 충분히 관찰할 수 있는 기회를 가진 사람들의 보고에서 명백히 나타나 있다. 러시아 황제 자신도 관료계급 앞에서는 무력하다.

그는 관료들 가운데 어느 누구라도 시베리아로 추방할 수는 있지만 관료계급 없이는 또는 그들의 의사에 반해서는 나라를 통치할 수가 없다. 그들은 황제가 내리는 모든 명령에 대해서 그것을 실행에 옮기는 것을 피함으로써 무언의 거부권을 행사할 수 있다.

러시아보다도 한층 더 진보된 문명과 한층 더 반항적인 정신을 가지고 있는 여러 나라의 일반 대중은 자기의 모든 일을 정부가 대신 해 줄 것으로 기대하는 습관을 가지고 있으며 적어도 정부에 허가를 얻지 않고서는, 즉 단지 정부로부터 허가를 얻을 뿐만 아니라 심지어 방법에 대해서도 지도를 받은 후가 아니고서는 아무 일도 행하지 않는 습관을 가지고 있으므로 그들은 자연히 자신들에게 닥치는 모든 재해에 대해서 국가에게 책임이 있는 것으로 생각하게 된다.

그 재해가 그들의 인내의 한도를 넘어설 때 그들은 정부에 반항하고 궐기하여 혁명이라는 것을 일으킨다. 이 때에 누군가가 국민으로부터 위임받은 정당한 권위를 가지거나 그렇지 못하거나 간에 권력의 자리에 올라앉아 관료들을 향하여 명령을 내리게 된다. 이렇게 되면 모든 일은 종전과 마찬가지로 진행되어 간다. 관료제는 조금도 변화되지 않았으며 누구도 그들의 지위를 대신할 수도 없다.

자신의 일을 스스로 처리하는 데 익숙해져 있는 국민들 사이에서는 이것과는 매우 다른 광경이 나타난다. 프랑스에서는 국민 대부분이 군에 복무한 일이 있고, 적어도 하사관 정도는 지낸 자가 많기 때문에 대중적 반란이 일어날 경우에는 언제나 그 반란을 지휘한다. 그리고 상당한 수준의 작전계획을 즉석에서 세울 만한 인물들이 많이 있다. 군사에 있어서 프랑스인이 보여 주는 장점은 그대로 모든 종류의 민간 업무에 있어서 미국인이 보여 주고 있는 장점과 같다고 할 것이다.

미국인이 정부가 없는 상태에 버려졌다고 하자. 그러면 모든 미국인들은 곧 정부를 조직해서 정치나 기타의 어떠한 공공의 사무도 충분한 지성과 질서와 결단력을 가지고 처리해 갈 수 있다. 이것은 모든 자유로운 국민의 모범으로 삼아야 할 모습이다.

　이러한 일을 해낼 수 있는 국민은 확실히 자유로울 수 있다. 이와 같은 국민은 어떠한 사람이나 단체가 중앙정부의 지도권을 장악할 수 있다고 해도 스스로 그들의 노예로 되는 것은 허용하지 않을 것이다.

　이와 같은 국민에 대해서 어떠한 관료제도 그들이 좋아하지 않는 일을 억지로 하게 하거나 감수하게 할 수 없다. 그러나 모든 일이 관료를 통해서 이루어지는 곳에서는 관료가 진정으로 반대하는 일은 무엇 하나 이룰 수 없다. 이와 같은 나라의 국가 조직형태는 국민들 가운데 경험 있는 사람들과 실제로 재능이 있는 사람들을 조직하여 나머지 국민을 통치하기 위한 하나의 규율 있는 단체로 조직화된 것이다.

　이러한 조직 자체가 완벽하면 할수록, 그리고 이러한 조직이 사회의 온갖 계층으로부터 가장 우수한 재능을 가진 사람들을 자기 편으로 끌어들여 그들을 조직에 적합하도록 교육시키는 데 성공하면 할수록 관료제의 구성원을 포함한 전 국민의 노예화 상태는 더욱 완벽하게 된다. 왜냐하면 이런 경우에는 지배자인 관료들도 피지배자들이 그들의 노예로 되어 있는 것과 같이 그들이 속하고 있는 조직과 규율의 노예가 되어 있기 때문이다.

중국의 관리가 전제정치의 앞잡이로 되어 있는 것은 가장 비천한 농민이 그렇게 되어 있는 것과 조금도 다를 바가 없다. 예수회 교단 자체는 구성원의 단결력을 강화시키고 구성원의 중요성을 증대시키기 위해서 존재하고 있음에도 불구하고 각각의 예수회 교도는 더 이상 비굴할 수 없을 정도로 그 교단의 노예가 되어 있다.

한 나라의 유능한 인재를 모조리 통치단체 속에 흡수하게 되면 조만간 통치단체 자체의 정신적 활동과 진취성에 대해서 치명적으로 된다는 사실도 잊어서는 안 된다.

통치단체를 구성하고 있는 사람들은 서로 단결되어 있으므로 — 다른 조직체와 마찬가지로 교정된 규칙에 따라서 진행되어 갈 수밖에 없는 하나의 조직체를 움직여 가고 있기 때문에 — 관리 집단은 전해오는 나태한 습관 속에 빠져 끊임없는 유혹 아래 놓이게 되며, 때때로 연자방아의 회전궤도와 같이 단조롭게 반복되는 기계적 생활에서 벗어나는 일이 있다 할지라도 관료집단의 지도자의 머리에 어쩌다 떠오른 아직 검토되지 않은 조잡한 계획을 향해서 돌진하려는 유혹 아래 놓이게 된다.

언뜻 보면 대립되는 것처럼 보이지만 실제로는 밀접한 관련성을 가지고 있는 이들 두 개의 경향을 억제할 수 있는 유일한 방법, 즉 통치단체 자체의 능력을 높은 수준으로 줄곧 유지할 수 있는 유일한 자극제는 통치단체에 속하고 있는 사람들이 재야의 그들과 동등한 능력을 갖고 있는 사람들에 의해서 끊임없이 빈틈없는 비판을 받는 일이다.

그러므로 이와 같은 능력의 소유자를 육성하여 중대한 실제 문제를 정확히 판단하는 데 필요한 기회와 경험을 그들에게 부여하는 수단이 정부와 독립해서 존재해야 하는 것은 필수 불가결한 일이다.

우리가 유능하고 능률적인 관리집단을 보유하려고 한다면, 특히 새로운 것을 창안해 낼 수 있으며 여러 가지 개량을 즐거이 실행하고자 하는 관리집단을 보유하려고 한다면, 그리고 우리의 관료정치를 공론정치로 타락시키는 것을 원치 않는다면 인류의 통치에 필요한 여러 가지 능력을 형성하고 개발하는 모든 사업을 이러한 관료집단이 독점하도록 해서는 안 된다.

인류의 자유와 진보에 대해 가해지는 두려워할 만한 해악이 어느 지점에서, 즉 사회의 행복을 방해하는 장애물을 제거하기 위해 사회가 승인된 지도자들 밑에서 힘을 집합적으로 사용하는 데서 생기는 이익을 이처럼 두려운 해악이 압도하기 시작하는 것은 어느 지점인가를 확정하고, 사회 전체의 활동력 가운데 많은 부분이 정부기관으로 흘러 들어가게 하지 않으면서 집중된 권력과 지성으로부터 될 수 있는 한 많은 이익을 확보하는 것은 통치의 기술에 있어서 가장 곤란하고 복잡한 문제 중 하나이다.

이러한 문제는 세부사항에 관한 문제이다. 이런 문제를 다루는 데 있어서 여러 가지 모양으로 고려해야 할 점들을 항상 염두에 둘 필요가 있다. 이것에 대해서 절대적인 규칙이 정해질 수 없다. 그러나 나는 안전한 실제적 원리나 항상 표방되어야 할 이상이나 앞에서 언급한 바와 같은 곤란을 극복하기 위하여 마련된 계획을 검사하는 기준은 다음과 같은 말로써 표현할 수 있다고 믿는다.

능률과 모순되지 않는 한 권력을 최대한 분산시킬 것, 그러나 정보는 최대한 집중시키고, 이것을 중앙으로부터 널리 배포할 것 등이 그것이다. 이와 같이 하여 도시행정에 있어서 뉴잉글랜드의 여러 주에서처럼 직접 이해관계를 가지고 있는 사람들에게 위임하지 않아야 그 지방 사람들에 의해서 선출된 각부의 관리들에게 모든 사무가 세부적으로 구분되어 배당될 것이다.

그러나 그와 동시에 지방적인 사무를 관장하는 각 부문에는 중앙 감독을 두고, 이것이 중앙정부의 지부 역할을 하도록 할 필요가 있을 것이다. 이러한 감독기관은 모든 지방에서 공적 업무의 행위나 외국에서 행해지고 있는 이것과 유사한 기관의 행위, 그리고 정치학의 일반원리로부터 이끌어낼 수 있는 잡다한 정보와 경험을 렌즈로 초점을 맞추는 것처럼 중앙으로 집중시키게 될 것이다.

이러한 중앙기관은 사회에서 행해지는 모든 일들을 알 권리를 가져야 하며, 이 기관의 특별한 의무는 어느 한 지방에서 얻어진 지식을 다른 지방에서도 이용될 수 있도록 하는 일이다. 이 기관은 다른 어떤 것보다 월등하게 높은 위치를 차지하고, 관찰 범위도 광범하고 포괄적이기 때문에 지방기관에서 볼 수 있는 사소한 편견이나 편협된 견해에 사로잡히지 아니하며, 이 기관의 권고는 당연히 커다란 권위를 가지게 될 것이다.

그러나 영속적인 제도로서는 이 기관의 실제의 권력은 지방의 관리들을 오직 그들을 지도해 가기 위하여 만들어진 법률에 따라가게 하는 것으로 국한시켜야 한다고 생각한다.

일반적으로 규칙으로 규정되어 있지 않은 모든 사항에 관해서 지방 관리들은 선거구민에 대해 책임을 진다는 조건 하에 자기 자신의 판단에 따라서 행동하도록 허용되어야 한다. 지방 관리들이 규칙을 어겼을 때, 그들은 법률상의 책임을 져야 한다. 그러한 규칙 자체는 의회(입법부)에 의해서 제정되어야 한다.

중앙 행정당국은 이러한 규칙의 집행을 감시하는 데 그치며 그러한 규칙들이 올바르게 실시되지 않을 때, 사건의 성질에 따라서 재판소에 법의 실시를 호소하거나 법의 정신에 의거해서 그것을 집행하는 의무를 게을리 한 관리들을 파면하도록 선거구민에게 요구하지 않으면 안 된다.

빈민구제법 실시 감독국이 전국의 빈민구제세[42]의 관리원들에 대해서 행사하려는 중앙감독권은 일반적 개념으로 대체로 이상과 같은 것이다. 일부 지방뿐만 아니라 사회 전체에 중대한 영향을 미치는 일에 뿌리깊은 실정의 악습을 시정할 필요가 있는 특수한 경우에는 빈민구제법 실시 감독국이 권한의 한계를 넘어 권력을 행사한다 할지라도 그것은 모두 정당할 뿐만 아니라 필요한 것으로 간주된다.

왜냐하면 어떠한 지방도 실정에 의해서 그 지방을 빈민의 소굴로 화하게 할 도덕적 권리를 갖지 못하며, 빈민은 필연적으로 다른 지방에까지 흘러 들어가 전국의 노동사회의 도덕적이며 신체적인

---

42 사회사업의 근간을 이루는 것으로서, 하층의 빈곤자들에 대한 국가적 구조를 법제화한 것이다. 영국에서는 일찍이 엘리자베스 여왕시대 이래로 빈민실업자·부랑자 등의 구제 문제가 사회적 관심의 대상으로 되어 왔는데, 마침내 1601년에 빈민구제법을 제정하게 되었다. 이 법은 교구 단위로 가족을 가지고 있는 사람들로부터 빈민구제세를 징수하여 빈민구제에 충당토록 했다.

조건을 손상시키기 때문이다.

빈민구제 실시 감독국이 가지는 행정상의 강제권과 이것에 부수되는 입법권은 (이러한 권한은 이 문제에 관한 일반 토론의 사정으로 말미암아 사실상은 거의 감독국에 의해서 행사되지 않는 것이지만) 제1급에 속하는 국가 이익에 관한 문제의 경우에는 전적으로 정당화될 수 있는 것이라 할지라도 순전히 지방적인 이해를 제공하는 중앙기관은 어떠한 행정 부문에 대해서도 똑같이 도움이 되는 귀중한 존재일 것이다.

적어도 개인의 노력과 발전을 저해하지 않고, 그것을 조장하고 자극시키는 활동에 관한 한 정부가 그러한 활동을 아무리 많이 한다 해도 지나치게 많다고 할 수 없다. 정부가 개인이나 단체의 활동과 능력을 불러일으키지 않고 도리어 정부 스스로의 활동을 그들의 활동에 대신하게 될 때, 정부가 개인이나 단체에게 정보나 충고를 주지 않고 필요한 경우에도 책망도 하지 않고 그들의 활동을 구속하며, 그들을 한편으로 제쳐놓고 정부 스스로가 그들의 일을 대신 행하게 될 때 해악은 발생하기 시작한다.

국가의 가치는 궁극적으로는 국가를 구성하고 있는 개개인의 가치이다. 이들 개개인의 정신적 확대나 향상을 위하여 이익이 되는 것을 뒤로 제쳐두고 세부적이고 사소한 사무상의 행정적 수완이나 경험을 통해서 얻어지는 것들을 조금이라도 더 늘리기 원하는 국가, 또는 국민을 위축시켜서 그들을 마음대로 좌지우지할 수 있는 꼭두각시로 만들고자 하는 국가는 그것이 국민의 이익을 위해서 행해진다고 할지라도 실제로 어떠한 위대한 일도 결코 이룩하지 못한다.

그리고 국가가 온갖 희생을 다하여 이룩해 놓은 완전한 기구라 할지라도 그것의 원활한 운영을 기한다며 국가가 배제한 구성원의 힘 부족으로 인해 아무런 도움도 되지 못함을 알게 될 것이다.

1806년	5월 10일 런던 펜턴빌에서 James Mill의 장남으로 태어남.
1813년	밀의 일가는 공리주의자 벤덤(J. Bentham)의 옆집으로 이사함.
1818년	아리스토텔레스의 논리학을 읽음.
1819년	아버지 회사에 입사. 아버지로부터 리카르도(Racardo)의 『경제학과 과세의 원리』 등 경제학에 관한 과정을 배움.
1821년	5월부터 7월말까지 프랑스에 머뭄.
1821년	귀국. 부친의 『경제학 강요』의 출판을 도움. 벤덤의 『입법론』을 읽고 새로운 사상의 시대가 시작되었으며, 열렬한 벤덤주의자 가 됨.
1822년	트래블러(The Traveller)지 석간에 밀로서는 최초로 활자화된 자신의 편지 두 통이 게재됨.
1823년	5월 동인도회사에 입사. 아버지의 직속인 통신 심사부 서기가 됨.
1825년	벤덤의 부탁으로 그의 저작 『법정증거의 이론』의 편집에 참여.
1826년	가을에 벤덤주의에서 이탈하여 칼라일(Carlyle), 콜리지(Coleridge)의 사상에 접근.
1828년	가을에 워즈워드의 작품을 읽으며 사상의 재검토에 나섬.
1830년	『논리학 체계』의 집필 시작.
1831년	익재미너지에 『시대의 정신』을 발표. 이를 계기로 칼라일과 친교 를 맺게 됨.
1834년	플라톤의 『대화편』을 발췌, 번역 출판을 함.

1835년	몰즈워드의 자본으로 '런던 리뷰'를 창간하여 주필이 됨.
1836년	'웨스트민스터 리뷰'와 합병하여 '런던 앤드 웨스트민스터 리뷰'로 됨. 편집과 경영에 대부분의 시간을 보냄. 6월 23일 부친 사망. 건강이 좋지 않아 파리에서 요양. 『문명론』과 『경제학 방법론』 발표.
1840년	'런던 앤드 웨스트민스터 리뷰'지 마지막 호에 『콜리지론』을 발표.
1841년	『논리학 체계』(A System of Logic)를 출판.
1848년	4월 『경제학 원리』를 출판.
1854년	4월 모친사망. 『자유론』 집필에 착수.
1856년	3월 동인도회사 통신 심사부장으로 승진.
1857년	인도에서 일어난 세포이 반란으로 동인도회사의 존폐가 문제됨.
1858년	동인도회사가 문을 닫게 되자 퇴직하여 연구에 전념함.
1859년	『자유론』, 『의회개혁에 관한 고찰』(Thoughts on Parliamentary Reform) 등을 출판 함.
1861년	『여성의 종속』(On the Subjection of Women)을 집필. 『대외 정치론』(Considerations on Represent Government)을 출판함.
1865년	7월 총선거에서 웨스트민스터 선거구의 서민원(하원) 의원에 입후보하여 당선. 『해밀턴 철학의 검토』와 『아퀴스트 콩트와 실증주의』를 출판함.
1867년	『논문집』 제3권을 출판함.
1873년	5월 8일 프랑스 아비뇽에서 세상을 떠남.